______________ 드림

시크릿

성공률 99% 실전 상가 투자의 정석

시크릿

성공률 99% 실전 상가 투자의 정석

초판 1쇄 인쇄 2020년 2월 26일
초판 1쇄 발행 2020년 3월 4일

지은이 권강수
자료정리 원선우

발행인 장상진
발행처 (주)경향비피
등록번호 제2012-000228호
등록일자 2012년 7월 2일

주소 서울시 영등포구 양평동 2가 37-1번지 동아프라임밸리 507-508호
전화 1644-5613 | **팩스** 02) 304-5613

ISBN 978-89-6952-387-7 04320
978-89-6952-389-1 (세트)

· 값은 표지에 있습니다.
· 파본은 구입하신 서점에서 바꿔드립니다.

부동산 투자
공식을 뒤집는
1% 투자자들의
비밀 노트

시크릿

쉿! 소문내지 마라!

성공률 99% 실전 상가 투자의 정석

권강수 지음

경향BP

프롤로그

상가 투자에는 비밀 공식이 있다

오랜 기간 상업용 부동산과 관련된 업무를 해오면서 느낀 것 중 하나가 바로 정보의 비대칭성과 이로 인한 불편함이었다. 상가 투자자들은 가능한 한 빠른 시간에 주요 정보를 많고 정확하게 얻기를 희망하지만, 정작 내가 분양받고자 하는 상가의 호실별 가격과 면적조차 쉽게 알아보기 힘들었다. 누군가는 이 불편함을 해소하는 작업을 해야겠다는 생각이 들었고 바로 구상과 기획에 들어갔다.

인력과 시간이 많이 투입되는 작업이었다. 적지 않은 비용 부담이 들어서 끝까지 완주할 수 있을지 불안감도 컸다. 그렇지만 반드시 필요한 시간과 작업이라고 생각했기 때문에 직원 모두가 성실하고 꾸준히 작업을 지속했다.

3년여간의 준비 끝에 드디어 상업용 부동산 전문 플랫폼 '상가의신'을 세상에 내놓았다. 기자 간담회를 마치자마자 출시 기사 보도가 이어지면서 세상의 관심이 쏟아졌다. 회원가입과 어플리케이션 다운로드가 끊이지 않고 인터뷰·강의·컨설팅 요청이 잇따랐다.

'상가의신'은 분양상가를 비롯해 매물상가, 빌딩 거래, 점포 임대, 오피스 매매 등 상업용 부동산 전반의 거래와 정보를 다루는 플랫폼이다. 기존에 원룸 등 주거형 부동산을 대상으로 한 플랫폼과 창업자를 대상으로 점포를 중개하는 플랫폼은 적지 않게 있었으나 상업시설 전반을 다루는 플랫폼은 사실상 처음이다.

특히 호실별 가격과 면적의 정보를 제공한 곳은 '상가의신' 이전에 없었다. 분양받고자 하는 상가의 개별 호실 가격을 제대로 알기 어려워 직접 분양홍보관이나 현장 컨테이너를 찾아가야 하는 게 대부분이었다. 하지만 '상가의신'이 출시되고 나서는 어디서든 손쉽게 분양상가 개별 호실 가격을 알 수 있게 되었다. 정보가 부족해 발품이 먼저고 손품이 다음이라는 상가분양 시장에서 수요자들이 손품만으로 핵심정보를 파악할 수 있다. 투자자들은 정보가 많고 투명해져 편해졌다 말하고, 분양전문마케팅사 등 공급자들은 투자자들의 접근이 많아지니 환영했다. '상가의신'이 시장의 패러다임을 바꿔놓은 셈이다.

그간 호실별 정보를 제대로 제공하지 않은 데에는 여러 이유가 있었다. 시행사, 분양전문마케팅사, 시공사 등 공급자들이 한정적 정보를 폐쇄적으로 공유하려는 것이 가장 큰 문제점이었다. 세세한 정보 오픈이 자칫 고객들의 분양홍보관이나 현장 발길을 줄일까 하는 우려 때문에 정보 제공에 부정적인 현장이 많았다. 이들 관계자들을 설득해 정보들을 받아내는 것은 쉽지 않은 일이었다.

이 과정에서 내가 그동안 쌓아온 경력과 인맥이 빛을 발했다. 상세한 정보 공개로 신뢰를 얻으면 시장수요가 더 커질 것이라는 설득이 이어지자 마음을 바꿔 상가분양 정보를 올리는 현장이 늘어났다. 20여 년 상업용 부동산과 관련된 일을 해오면서 다양한 네트워크를 구축해온 덕이었다. '상가의신'은 앞으로 이 업력을 바탕으로 양질의 콘텐츠들을 계속 채워나갈 것이다. 긴 시간 상업용 부동산 연관 콘텐츠 업무를 해왔기에 자신 있는 분야이기도 하다.

실제 나는 20년간 여러 언론사에 상업용 부동산 및 창업과 연관된 보도자료와 칼럼을 제공해왔다. 현재도 5개 매체에 고정적으로 기고를 하고 있어 매주 시간이 날 때마다 원고를 작성하고 있다. 여기에 수시로 부정기적인 인터뷰 요청이나 기고 요청이 쏟아진다. 거절이 쉽지 않아 바쁜 시간을 할애해 글을 쓰고 있지만 실제 매체에 기재된 내용을 보면 부족하고 아쉬운 부분이 간혹 눈에 띄었다. 그래서 자연스럽게 기회가 되면 여태껏 작성해온 내용을 차분하게 정리해 책으로 내야겠다는 생각을 가지게 되었다. 그러다가 플랫폼을 세상에 내놓으면서 하나의 숙제를 마친 참에 본 책을 내놓게 되었다. 오랫동안 연구하고 작성해온 상가 관련 정보와 콘텐츠를 정리하자는 의미로 집필한 셈이다.

본격적인 책 소개를 하기 전에 개인적 이야기를 잠시 해보고자 한다. 나는 20대 중후반의 젊은 나이에 창업했다. 친구 2명과 의기투합해 서울

금천구 시흥유통상가에서 대표를 맡으며 자동화 시스템 산업기계 프로그램 설계, 전기설비에 관련된 사업을 펼쳤다. 의욕은 강했지만 시기가 좋지 않았다. 한보철강 등 대기업의 연쇄부도가 이어지고 얼마 뒤 IMF가 터졌다. 대기업으로부터 일감을 수주받는 하도급 상황에서 대기업의 부도는 치명적이었다. 당시에는 현금거래보다는 대부분이 어음거래로 3개월이나 6개월 만기의 단기성 어음이 많았다. 수시로 숨을 조여오는 느낌이었다. 한동안 경제 상황은 쉽사리 좋아지지 않았고 어쩔 수 없이 훗날을 기약하며 폐업하고 말았다. 내 인생 첫 번째 실패였다.

이후에도 창업에 대한 열망은 계속 남아 있었다. 한국창업개발원을 찾아가 창업 컨설팅 상담을 받았다. 이때만 해도 20대가 창업에 경험이 있는 경우가 극히 드물었는데 이 무렵 나는 20대 후반이었다. 컨설팅을 해주던 원장은 내 열정을 금세 알아보고 같이 일을 해보자고 제안했다.

한국창업개발원 연구원으로 입사해 창업시장 아이템 발굴, 창업 컨설팅 지원, 사업계획서 작성, 사업타당성 분석, 홍보마케팅 등을 두루 수행했다. 창업 전반을 두루 익히며 내공을 쌓았다. 직접 창업은 아니었지만 창업 관련 업무를 하면서 하루하루 일이 너무 재미있어 시간 가는 줄 몰랐다. 나이도 젊어 체력도 좋고 의욕까지 넘쳐 집중도도 우수했다.

간접 창업도 좋았지만 직접 창업에 도전해보고자 했던 나는 회사생활을 하면서 독자적으로 '샤르망'이라는 프랜차이즈를 창업해 운영했다. '커피&스파게티 복합매장'인 샤르망은 한 지붕 두 아이템으로 홍보되며 유명세를 탔다. 인터뷰 요청이 줄을 이었고 교육기관 강의 요청도 상당했다. 이 당시까지만 해도 충분히 성공으로 기록될 만했다. 그런데 욕심이 과했던 탓인지 사업을 확장하는 과정에서 자금 부족으로 다시 실패를 경험하고 말았다. 단순 실패를 넘어서 적지 않은 빚까지 지게 되었다.

두 번의 실패 경험으로 비싼 수업료를 치렀지만 인생을 살아가는 데 있어서 큰 약이 되었다. 두 번의 실패 이후 새롭게 도전장을 내민 곳은 분양이었다. 열정을 바쳐 일했던 창업 관련 업무가 부동산과 연관이 있어 분양도 잘할 수 있을 것 같았다. 내 생각이 맞았는지 분양시장에 뛰어들자마자 투입되는 현장마다 영업실적 상위에 랭크되었다. 열성과 노력을 이기는 것은 없었다. 고객DB가 많고 고객관리를 잘하니 당연한 결과이기도 했다. 이 시기 분양계에 몰입했던 경험은 이후 관련 정보 제공, 컨설팅, 플랫폼 출시 모두에 도움을 주었다.

1999년부터 해오던 부동산과 창업시장을 모두 아우르는 업무를 2007년부터 한국창업부동산정보원에서 하고 있다. 분양 마케팅, 정보 제공, 컨설팅 등 다양한 일을 진행했고 100여 개 이상의 현장에 참여했다. 그동안 눈코 뜰 새 없이 바빴지만 덕분에 창업과 투자 희망자들을 대상으로 실질적인 정보와 콘텐츠를 제공할 수 있었다.

현재 창업시장과 부동산 분야에 동시 언론기고가 가능한 몇 안 되는 전문가로 불린다. 이는 창업과 부동산 양쪽 부분에서 실전적 경험을 갖추었기 때문에 가능한 일이라고 생각한다. 이러한 노하우가 '상가의신' 플랫폼 제작으로 연결되었다.

최근 상가 전문가가 많이 소개되고 있는데 나는 상가와 창업을 충분히 다루어보았고, 20여년의 업력을 가지고 있다. 그동안 수행한 연관업무도 상당하다. 스스로 지난 날을 돌아보아도 나태하거나 게으르게 살지 않았기 때문에 개인 스토리로만 이야기를 써도 책 1권은 충분히 나올 것이라 자신한다. 이 스토리들은 나중에 기회가 되면 또 작성해볼 계획이다.

이 책은 성공적 상가 투자를 위한 도우미로 활용되기를 바라는 마음으로, 상가 투자 초보자의 눈높이에 맞추어 서술했다. 하지만 현장 경험을 바탕으로 실전적인 내용을 첨가하였으니 상가 투자 경험이 있는 사람에게도 도움이 될 것이다.

이 책에는 상가 투자를 생각하고 준비하는 과정부터 상가 투자에 나서는 과정에서 알면 좋을 내용이 실려 있다. 무엇보다 실질적인 콘텐츠가 성공적 상가 투자로 연결되기를 희망하는 마음으로 상가 투자 팁과 같은 내용도 삽입하였다.

창업·상권 내용도 일정 부분 실었다. 나는 강의나 컨설팅 때 "상가 투자는 임차인의 특성을 이해해야 성공한다."라는 말을 강조한다. 상가 투자는 특성상 임차인이 반드시 있어야 한다. 임차인이 없는 상가는 수익을 낼 수 없기 때문에 투자 가치가 사라진다. 임차인에게 인기 있고 좋은 상가는 투자자들에게도 좋은 상가일 가능성이 높다. 임차인이 잘되어야 상가가 흥하고, 상가가 번성해야 투자자도 유리하다. 이 흐름 속에서 투자자가 임차인의 입장이 되어봐야 조금 더 발전적인 행보가 가능하다는 것이 내 지론이다.

상가 투자 시장을 오랫동안 지켜본 결과 상가 투자는 분명 매력 있지만, 결코 만만하지만은 않다. 부디 이 책을 읽고 상가 투자에 나서는 분들 모두 성공적 투자 결과를 이루길 희망해본다.

책을 내면서 감사드려야 할 분이 많다. 회사에서는 김창한 원장님, 원선우 차장님, 이길용 과장님, 정호비 대리님, 심재은 주임님의 도움이 있었기에 책이 나올 수 있었다. 특히 실무직원들은 플랫폼 '상가의신'의 출시를 위해 오랜 기간 노고를 아끼지 않고 자신의 역할 이상을 수행해주었다.

또 출산으로 회사를 떠나 있는 김다혜 차장을 비롯해 현재는 함께 근무하지 않지만 한솥밥을 먹으며 희로애락을 나눴던 이전 직원들, 오랜 기간 함께한 (주)아파트형공장114 박종업 대표, (주)금맥산업개발 최신기 대표, (주)빅원파트너스 장동국 이사, 협력관계사 직원들도 한 분 한 분 언급해드리지 못하지만 감사말씀을 드린다. 불광동 금메달탁구장 백설현 회장님, 박은희 총무님을 비롯한 회원님들께도 감사를 전하고 싶다.

조언과 충고로 제 갈 길을 안내해준 업계 선후배 종사자님과 기자님들, 기업대표님, 부동산 중개사님 역시 한 분 한 분 실명을 말씀드리지 못해 송구하지만 앞으로도 조언과 격려를 부탁드리고 싶다.

마지막으로 아직 부족함이 있는 플랫폼 '상가의신' 이용자와 본 책을 선택해준 독자에게도 진심으로 감사드린다.

2020년은 다산과 풍요를 상징하는 쥐의 해인 '경자년(庚子年)'이다. 쥐가 풍요와 번영을 상징하는 것처럼 모든 이에게 풍요로운 한 해가 되기를 바라는 마음이다.

권강수

차례

3장
상가 투자 알짜 정보에 접근하는 법

4장

현장을 모르면 알 수 없는 상가 투자의 이모저모

5장

상가 투자자가 몰라서는 안 되는 창업·상권

1장

두렵지만 끌리는 상가 투자

01

여러 재테크 수단 중에 왜 상가 투자인가

상가 투자를 제외한 투자처

보통 투자금이 생기면 재테크 수단으로 은행 예금을 가장 먼저 떠올린다. 은행예금은 예금자보호기준에 충족할 경우 원금손실의 위험이 없기 때문에 안전성이 매우 높은 상품이다. 돈을 맡겨만 놓으면 되니 간편한 장점도 있다. 문제는 수익률이다. 제1금융권보다 다소 높다는 제2금융권을 가더라도 이자가 약 연 2% 초반 정도에 불과하다. 1금융권까지 포함하면 1%대의 연 금리를 제공하는 곳도 많다. 2~2.5%의 금리상품을 선택한다 하더라도 인플레이션을 감안할 때 아쉬움이 있다. 여기에서 세금도 제외해야 한다. 연 금리 약 2.5%의 정기예금에 가입한다 해도 1억 원을 넣었을 때 매달 통장으로 입금되는 금액은 20만 원이 채 되지 않을 것이다(단리 기준).

더군다나 금리인하의 흐름이 유지되고 있기 때문에 급격한 금리상승은 당분간 어렵다. 자칫 일본과 같이 제로에 가까운 금리가 될지도 모르는 일이다. 안전성을 최우선시하는 입장이라면 모르겠지만 투자를 통해 부(富)를 증진하고 싶은 상황이라면 은행예금은 그렇게 만족스러운 수익을 가져다주지는 못할 것이다.

은행 다음으로 많이 떠올리는 재테크 수단은 주식이다. 주식전문가가 아니라 단언하기는 어렵지만, 주식은 은행예금과는 달리 위험성이 다소 높은 편이라 할 수 있다. 주가는 장이 열리는 날이면 개장시간 동안 시시각각으로 상승과 하락이 가능해 변동성이 아주 크다.

일방적으로 오르기만 한다면 얼마나 좋겠는가마는 안타깝게도 주가는 럭비공처럼 어디로 튈지 종잡을 수 없다. 며칠 오르면서 흐름이 좋다가도 다시 며칠 하락해 투자자들을 우울하게 만들 수 있다. 아니면 끝도 없이 떨어져 고뇌를 가져다주기도 한다. 투자하는 회사의 실적이나 회사정보를 참고하면 도움이 된다고 하지만 주가가 꼭 그렇게 움직이는 것만은

상호저축은행 정기예금 금리(2019년 12월 2일 기준)

정기예금			
6개월	12개월	24개월	36개월
1.65%	2.17%	2.20%	2.19%

출처 : 저축은행 중앙회 홈페이지

아니어서 실적이 좋아도 주가는 떨어질 수 있다. 사는 사람과 파는 사람, 즉 매수자와 매도자의 체결에 따라 주가가 만들어지는 시장의 특성이 있기 때문이다. 이는 불확실성으로 이어져 위험성을 높인다.

주식을 통해 돈을 버는 사람들도 분명 있다. 그렇지만 주변을 둘러보면 수익을 올린 사람보다 손해를 본 사람이 많다. 개미 투자자는 정보에 한정적이고 매도 및 손절 타이밍을 제대로 잡지 못하는 등의 이유로 단기간에는 수익을 얻더라도 장기적으로는 손해를 보는 경우가 많다. 게다가 주식은 국내외의 사건들이 돌발적으로 영향을 끼치기 때문에 더욱이 변수가 많다. 파생상품인 선물이나 옵션 등의 상품은 주식보다 더 높은 이익을 기대해볼 수 있지만 그만큼 손해를 볼 위험성도 높다.

그다음으로 아직 대중적이라고 하기는 어렵지만 미술품 투자 같은 특수한 재테크 수단도 있다. 미술품 투자는 시장이 그렇게 크지 않고 안목이 필요하며 수익을 회수하기까지 긴 시간이 소요된다는 특징이 있다. 국민 생활수준과 문화수준이 높아지면서 예술품의 수요가 높아지고 있기는 하지만 여전히 시장 규모가 그렇게 크지 않고 환금성 역시 그리 높지 않다. 더군다나 수익을 가져다주는 작가의 작품은 고가인 경우가 대부분이어서 미래에는 어떨지 모르겠지만 현재로서는 일반 투자자의 접근이 용이하지 못하다.

부동산은 많은 사람이 관심을 가지는 재테크 수단이다. 우선 아파트는 주거형 부동산임에도 불구하고 오랜 기간 투자목적으로 주목받고 있다. 누구에게나 주택이 필요하다는 점과 부지가 한정적이어서 희소성이 있다는 이유로 가격 상승에 대한 기대치가 높다. 아파트와 같은 주거형 부동산은 거주하면서 시세차익을 볼 수 있다는 점이 매력인데 실제로 아파트 투자로 돈을 번 사람이 적지 않다.

그러나 주거형 부동산은 각종 규제가 많이 따르는 편이다. 부동산시장이 과열되어 부동산 규제 정책이 나온다고 하면 주택에 대한 규제가 대부분을 차지한다. 1가구 2주택 등에 대한 제한은 물론이고 전매제한 등 규제가 많다. 부동산 시장이 활황일 때는 양도세 등 세금도 높게 책정된다.

기본적으로 주택은 거주를 위한 공간으로 투자대상이 아니기 때문에 투자 제한이 많다. 주택을 수익형 부동산으로 사용할 경우 세금이 만만치 않다. 나는 살아가는 데 주택은 필수라고 생각하지만 수익을 보장해주는 상품이라고 보지는 않는다. 투자로 활용하면 제한을 많이 받기도 하고, '집값은 꾸준히 오른다.'는 말도 믿지 않기 때문이다. 집값 상승은 입지에 따라 다르기 때문에 장기적으로 보았을 때 수익성이 확실하다고 장담하기는 어렵다.

그러다 보니 부동산 투자자들이 상업용 부동산에 관심을 많이 보이고 있다. 상업용 부동산 중 대표적인 것이 상가이다. 상가는 매달 월세를 받을 수 있다. 상가를 하나 잘 구해놓으면 은퇴 후에도 안정적인 소득을 기대할 수 있다. 실제로 상가 하나를 분양받은 후 여유 있고 넉넉한 삶을 즐기는 사람이 많다.

더욱이 가치 상승까지 이루어지면 매월 받는 임대료에 시세차익까지 노려볼 수 있다. 투자자 입장에서는 금상첨화가 아닐 수 없다. 여기에 상가 투자는 나이에 상관없이 누구나 가능하고 다른 업무와 병행이 가능한 것이 장점이기도 하다.

상가 투자를 무조건 추천한다는 말은 아니다. 상가 투자 역시 다른 투자 상품과 마찬가지로 꽃길만 열려 있는 것은 아니기 때문이다. 공실이 발생할 수도 있고 매매가도 떨어질 수도 있다. 그래도 어찌되었든 매달 꾸준한 소득을 바라볼 수 있다는 점에서 매력이 있는 것은 분명하다.

여러 투자처 중 상가 투자에 관심이 있다면, 왜 관심이 생겼는지 한 번 생각해보는 시간을 가져보면 좋겠다. 다른 재테크 수단과 비교해보아도 상가 투자가 끌린다면 이제 공부를 시작해보자. 점점 상가 투자의 매력을 발견하고 만족할 만한 수익을 낼 수 있을 것이다.

상가 투자의 현황

상가 투자가 활성화되려면 사람들이 가지고 있는 투자금이 많아야 한다. 이는 투자처를 찾는 유동자금과 연관이 있는데, 유동자금이 많아지면 자연스럽게 그 일부가 상가 투자에 유입될 것이다. 이런 예측과 기대감이 상가 가격을 올리기도 한다. 실제로 수도권 3기 신도시 보상금만 7조 원 정도이며, 그 밖에도 투자처를 찾아 움직이는 유동자금이 적지 않은 것을 보면 상가 투자가 활성화될 환경이 형성된 것으로 보인다.

유동자금 외에 금리 관련 부분도 체크해봐야 한다. 금리에는 예금금리와 대출금리가 있는데, 투자자 대부분이 어느 정도 대출을 끼고 투자를 하기 때문에 대출금리가 중요하다. 대출은 상가 투자자에게는 채무가 되는데 대출금리는 채무금의 액수를 좌우하는 요인으로 당연히 주의 깊게 볼 수밖에 없다. 현재 지속적인 금리인하 흐름이 이어지고 있다. 이는 대출에 대한 부담을 다소나마 줄여주어 상가 투자로 향하는 자금유입 증가로 이어질 수 있다.

또 살펴볼 사항은 경제 상황과 자영업자의 증감이다. 상가는 소비와 함께 가는 특성이 있다. 사회 전반적으로 소비를 하지 않는다면 상가에 가서 물건을 살 일이 없을 것이고 상가를 운영하는 자영업자 수가 줄면서 상가시장도 어려움을 겪을 것이다. 반대로 사회 전반적으로 소비가 늘어나면 창업시장도 활발해지고 상가의 가치도 올라가 상가시장도 좋아질 것이다.

자영업자는 상가시장의 핵심요소 중 하나이다. 상가 투자자에게는 자영업자가 주요한 소비자이다. 가게를 운영하려는 사람이 많아지면 상가

통계청이 발표한 연도별 자영업자 현황 추이

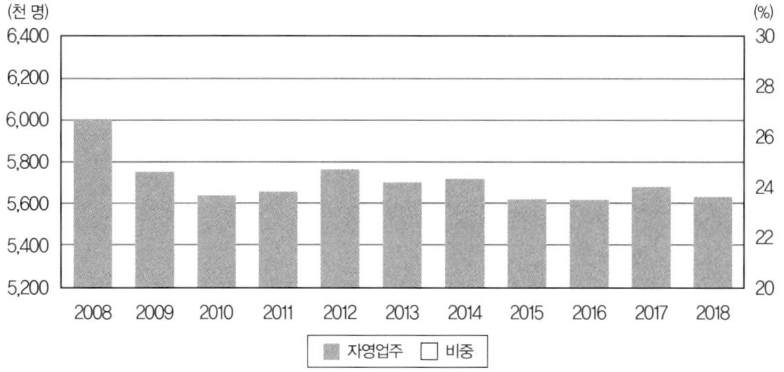

자료 : 통계청

통계청이 발표한 연도별 인구 수(중위추계) 5,170만 9,098명

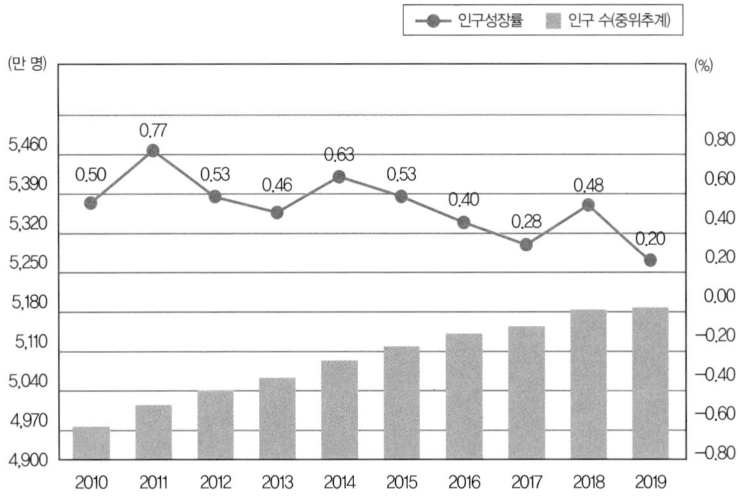

출처 : 2019, KOSIS (통계청, 장래인구추계)

를 가진 사람이 수익률을 높이는 데 유리해지고, 가게를 운영하려는 사람이 줄어들면 상가를 가진 사람이 공실의 어려움을 겪을 확률이 높아진다. 통계청 자료를 확인하면 현재 자영업자 수와 자영업자 수 변동 추이 등을 확인할 수 있으니 참고하자.

또한 트렌드에 따른 인구 변동을 살펴보면 도움이 된다. 상가를 운영하는 입장에서는 예비 수요자가 많으면 좋다. 수요자가 많아야 상가에서 장사를 하는 임차인도 늘어나서 투자자가 성공할 가능성이 높기 때문이다. 상가 투자자는 인구 변동을 조금 더 전략적으로 보는 게 중요하다.

분명 대한민국의 인구는 감소세로 가고 있다. 당장 절대적인 인구가 줄어들고 있는 것은 아니지만 결혼이 늦어지고 출산율이 낮아지면서 앞으로의 인구는 감소할 가능성이 높다. 이는 자영업자에게도, 자영업자를 통해 수익을 추구하는 상가 투자자들에게도 좋지 않다. 그런데 조금 더 깊게 들여다보면 얘기가 달라지는 부분이 있다.

많은 상가 투자자가 들어본 말이겠지만, 인구는 거주인구와 유동인구가 있다. 통계청에서 발표하는 대한민국 인구통계는 거주인구이고, 거주자나 외국인 등이 집 밖으로 나와 돌아다니는 것이 유동인구이다. 인구가 전반적으로 줄어들고 있어도 내 상가 주변의 거주인구가 증가하고 있다면 상가 환경이 나쁜 것이 아니다. 사람들은 될 수 있는 대로 먼 곳보다 가까운 곳에서 소비행동을 할 확률이 크기 때문에, 거주인구가 증가하고 있는 곳의 상가는 유리한 측면이 있다. 보통 신도시 같은 개발지역에서 이와 같은 경우가 많다.

유동인구는 상가 투자자도 여러 번 확인하는 사항인데 거주인구가 적어도 유동인구가 많다면 상가 이용객은 많을 수 있다. 가령 주변에 관광지나 명소가 있으면 거리가 먼 지역의 거주자가 찾아오게 된다. 이런 지역의 개발호재를 체크하면 향후 예상 거주인구와 유동인구를 예측하는 데 도움이 된다.

유동인구는 단순히 내국인뿐 아니라 해외에서 관광하러 온 외국인도 해당한다. K-POP이 인기를 끌면서 외국인의 국내 방문객이 늘고 있다. 이들은 대한민국의 줄어드는 인구를 대체하는 소비구성원이 될 수 있다. 더 나아가 한반도 통일까지 예상에 두고 생각해볼 수 있다. 통일이 되면 특정지역에 유동인구가 몰리며 활황을 이룰 수 있고 대한민국 거주인구가 감소한다 해도 상가 투자에 성공할 수 있는 것이다.

또 하나 유의 깊게 살펴볼 사항은 노후 준비에 대한 관심도이다. 이미 오래전부터 빨라진 정년퇴직과 늘어난 수명 사이의 기간을 채워줄 소득을 대비하는 사람이 늘고 있다. 평균수명은 지속적으로 늘고 있는 데 반해 근로소득 유지기간 증가는 쉽지 않으므로 앞으로도 상가를 위시한 수익형 부동산에 대한 관심은 계속될 것이다.

상가 투자와 관련된 환경을 살펴보면서 세상의 흐름을 어떻게 해석하는 것이 좋을지에 대해 생각해보는 계기가 되었으리라 생각한다. 경제사회적 분위기의 해석이 상가 투자의 성공과 실패를 가르기도 한다. 경제기사나 뉴스를 보며 상가시장의 투자 가치를 생각해보길 바란다.

02

왜 상가 투자를 하는지 목표를 확실히 설정하라

모든 행동에는 이유(목표)가 있어야 한다. 내가 '상가의신'이라는 플랫폼을 출시한 이유는 상업용 부동산 정보의 양방향성 교류를 위해서였다. 이 책을 쓰는 이유는 상가 투자에 관심을 두고 있는 이들에게 도움이 되는 투자 정보를 제공하고자 함이다.

목돈을 들여서 투자를 하는데 명확한 목적을 설정해야 하지 않을까. 잠시 여유를 가지고 상가 투자의 목적을 생각해보자. 이는 내가 투자 희망자와 상담을 시작할 때 가장 먼저 확인하는 사항이기도 하다.

상가 투자목적 3가지

최근에는 자산가들을 중심으로 증여를 목적으로 구입하는 경우도 종종 있다. 하지만 상가 투자 컨설팅을 오랜 기간 해본 바 투자자들의 목적은 대개 월세와 시세차익이었다.

보통은 월세와 시세차익, 2가지 다 이익을 보기를 원하며 특히 당장의 월세 수입을 선호하는 경우가 많다. 이 책은 기본적으로 월세 수입을 목표로 하는 이들을 초점으로 서술되었다. 월세를 잘 받는 상가는 가치가 상승해 나중에 시세차익도 우수한 경우가 대부분이다.

투자자들이 바라는 월세 수입을 위해서는 수익률에 대해서도 살펴봐야 하는데, 뒤에서 다룰 예정이므로 여기서는 간단히 얘기해본다. 상가 투자자는 거의 대부분 정기예금 이상의 수익률을 희망한다. 예금자보호법 범위 이내라면 위험성이 제로에 가까운 은행예금과 비교해봤을 때 공실 및 시세 감소 등의 위험성이 존재하고 상가 자체의 감가상각도 진행되기 때문이다.

투자자들은 우선 투자 대비 수익률이 어떻게 되는지를 계산하고 이를 바탕으로 매달 얼마의 임대료를 받는지를 산출하는 게 보통이다. 투자자들은 예상 임대료 수익을 감안해서 목표수익률을 설정하는데 수익률은 대개 은행 정기예금보다는 높다.

경제 상황이나 주변 여건에 따라 목표수익률은 달라진다. 10년 전에 상가 투자 컨설팅을 할 때만 해도 대부분 투자자들의 목표수익률은 연

7~8%였다. 그런데 최근에는 연 4~5%에도 만족하는 경우가 많다. 그래도 은행예금 금리 수준의 2~3배 이상이므로 본인이 만족하는 투자수익률에 충족하면 목표가 달성되었다고 볼 수 있다.

단기적인 수익에는 크게 신경을 쓰지 않고 시세차익만을 목표로 삼는 경우도 있다. 유명 연예인들이 TV나 신문에서 서울 강남권 상가빌딩을 구매했다는 뉴스가 나올 때가 있다. 이들 중 일부는 얼마 시간이 흐른 후 억대의 차익을 거둔다. 서울 강남권 상가 투자자들 중에 이런 경우가 종종 있다. 당장의 수익률은 낮은 편이지만 나중에 시세차익을 통해 이익을 추구하는 것이다.

투자자들은 투자에 나서기 전에 자신의 투자목적을 잘 정리하는 것이 바람직하다. 월임대료와 시세차익 중 어느 쪽에 조금 더 무게중심을 두고 있는지, 연수익률은 몇 % 정도를 기대하는지, 매도를 하게 되면 언제, 어느 정도의 차익을 생각하는지 잘 정리해보길 바란다.

내게 맞는 상가 투자

한 가지 더 생각해보면 좋은 것이 '내게 맞는 상가는 어떤 것인지'이다. '나를 아는 것'만 중요한 게 아니라 '내가 원하는 것'을 정확히 아는 것도 중요하다. 증여를 목적으로 상가 투자를 하는 것이 아니라면 월세수입과 향후 시세차익을 위한 것이 대부분인데, 이 부분 외에 선호하거나 비선호하는 점에 대해 생각해보는 것이다.

예를 들어 나의 활동반경에서 거리가 멀면 상가관리에 어려움이 있을 수 있다. 이제 막 투자를 알아보는 사람의 이야기를 들어보면 상가는 안 가봐도 임차인이 알아서 매달 입금해줄 것이라 생각하는 사람이 많다.

물론 그럴 수 있다. 그렇지만 갑자기 임차인이 그만두고 나가서 새로운 임차인을 구해야 한다든지, 상가 자체에 문제가 생겨 이를 해결해줘야 하는 일이 생기면 상가에 가야 한다. 그런데 이때 내 활동반경과 거리가 너무 멀면 관리가 힘겨울 수 있다. 이런 이유로 자기가 사는 곳 주변 또는 자신이 사는 곳에서 자동차로 30분 거리 이내의 상가만 투자하는 사람도 있다.

그리고 저마다 선호하는 지역이 있고 선호하지 않는 지역이 있을 것이다. 시간 날 때 선호 지역과 비선호 지역을 A4 용지에 정리해보는 게 좋다. A4용지를 반으로 접어 왼쪽에는 선호하는 지역을 쓰고, 오른쪽에는 비선호하는 지역을 써본다. 그리고 선호하는 이유와 선호하지 않는 이유를 작성해본다. 그러면 지역에 대한 공부도 되고 본인이 중요시하는 부분을 명확하게 파악해 투자 설정을 하는 데 유리하다.

투자금액과 대출범위도 미리 잘 생각해놓아야 한다. 투자할 금액을 확실히 정해놓고 그에 맞는 상품을 보는 게 좋다. 상담을 하다 보면 투자 가능 금액이 왔다 갔다 하는 경우가 종종 있다. 상품에 따라 투자금액이 크게 변할 수 있다는 사람도 있다. 융통성 있는 열린 자세는 높이 살 만하지만, 명확한 기준을 정해놓고 투자에 나서는 것이 바람직하다. 금액대와 대출범위를 자신의 경제 상황에 맞게 정해놓고 나선다면 선택이 편

선호 지역과 비선호 지역 작성해보기

선호 지역	비선호 지역
•	•
•	•
•	•
•	•
•	•
•	•
•	•
•	•
•	•

해진다.

조금 다른 이야기일지도 모르겠지만 한 지인의 이야기를 해보겠다. 그는 대형 미술제가 열리면 무조건 그곳에 갔다. 그림 자체를 좋아했기에 몇 시간을 돌아다녀도 피곤하지 않았고 그러다 보니 어느새 미술전시 관람이 즐거운 취미생활이 되었다. 그렇게 수년이 흘렀고 '이제 그림 한 점을 사볼까?' 하는 마음이 들어서 갤러리가 대거 참여하는 아트페어에 갔는데, 도대체 뭘 사야 할지 모르겠더란다. 그동안 그림을 수없이 보며 감탄도 많이 했지만 구매를 염두에 두지 않은 감상을 해왔더니 스스로 구매해야 할 작품을 고르는 데 애를 먹게 된 것이다. 미리 스스로 구매희망 가격대, 선호하는 작가와 그렇지 않은 작가, 구입하고자 하는 화풍, 구입하려는 크기 등을 정해놓고 갔다면 한결 편하지 않았을까.

상가도 마찬가지이다. 미리 구체화해놓을수록 투자할 상가 선별이 쉬워진다. 이렇게 되면 컨설팅하는 입장에서도 비교적 수월하게 희망상가를 매칭시킬 수 있다. 투자할 대상의 모습이 명확하지 않으면 장기간 투자할 대상을 찾지 못해 한없이 시간을 보내거나 자칫 충동구매에 빠져 원하지도 않는 상가를 계약할 수 있다. 그렇게 큰 금액의 물건을 누가 충동적으로 구매하느냐고 생각하겠지만 투자상담을 진행하다 보면 충분히 숙고하지 못한 채 급하게 결정한 것을 후회하는 투자자들의 상담문의가 꽤 있다.

미래를 머릿속에 명확하게 그리면 최대한 그 그림과 가까워진다. 무슨 자기계발서에 나오는 이야기처럼 들리겠지만 상가 투자에도 잘 맞는 이야기이다. 상가시장을 오래 지켜보고 분양업을 해본 경험을 바탕으로 말하건대, 원하는 것과 원하지 않는 것이 확실하고 구매 전에 생각한 바가 자세할수록 향후 투자만족도가 높았다.

잠시 시간을 내서 원하는 상가의 모습을 최대한 자세히 그려보기 바란다. 선호 지역, 투자금액, 대출범위 등은 물론이고 선호 입지, 상가 형태, 주변 자연환경 등 생각할 수 있는 것은 최대한 많이 생각해보자. 상가 투자 후의 모습을 그림 그리듯 머릿속으로 떠올려보면 좋다. 그것이 내가 원하는 상가이고 내게 맞는 상가일 확률이 크다.

03

성공 사례와 실패 사례에서 배워라

상가 투자도 투자이기 때문에 성공 사례와 실패 사례가 공존한다. 수익형 부동산 관련업을 하는 입장에서는 성공 사례만 전달하고 싶은 마음도 들지만 현명한 투자, 실패를 줄이는 투자를 위해서는 실패 사례도 알아두는 것이 좋다. 성공 사례를 통해서도 실패 사례를 통해서도, 분명 배울 점이 있다.

성공이다 실패다 다소 거창할 수 있는데, 우선 성공의 기준을 정할 필요가 있다. 본인이 생각한 투자목적에 맞고 내게 맞는 상가를 구하면 성공이고, 그렇지 않으면 실패로 보면 된다. 성공과 실패 사례는 셀 수 없이 많이 있는데, 그중 목적과 희망사항에 맞는 물건을 잘 골라 만족스러운 투자활동을 하고 있는 사례와 이에 맞지 않은 사례를 이야기해보고자 한다.

상가 투자 성공 사례

A씨는 고액 투자자는 아니었다. 은퇴하면서 퇴직금을 받았지만 자금이 그렇게 충분하지 않은 편이었기에 인기 상권 지역의 상가를 선택하기는 다소 어려움이 있었다. 그는 교통 관련 공직에 몸담아서인지 역세권 상가를 선호했다. 나와 상담을 마친 A씨는 본인의 자금수준에 맞춰 인기 상권은 아니지만 어느 정도 배후세대가 갖춰진 역세권 상권에 투자했다.

역세권의 장점이 잘 발휘되는 상가를 골라 현재까지 수년간 공실 없이 지속적인 수익을 보고 있다. 향후에도 안정적으로 월세 수입을 바라볼 수 있을 듯해 만족하고 있다. 원래 목표가 퇴직 후 노후 대비였고 이를 충족했기 때문에 스스로 성공 투자라고 자부하고 있다.

B씨는 아직 직장에 다니는 40대 초반의 회사원이었다. 고정수입은 있지만 또 다른 수익을 위해 상가 투자에 진입한 경우였다. 회사원이라 시간 운용이 자유롭지 않으므로 상가관리가 쉬운 상가를 원했다. 또 아직 젊고 고정소득이 탄탄하여 장기적인 발전 가치를 중시했다.

신규 상가는 앞으로 상권 형성이 잘되면 발전 가능성이 있다. 단, 상권이 잘 발달되었을 때에 한해서이다. 오랜 미팅 끝에 B씨의 투자목적과 선호도를 파악한 후 상권 발전 가능성이 있는 곳의 상가를 탐색했다. 그러다가 몇 년 후 호재가 현실화될 가능성이 높은 개발지역에 나온 상가를 분양받았다.

향후 개발될 지역을 선점하면 상가 활성화는 물론 가치 상승도 기대할 수 있다. 결과는 성공적이었다. 투자하고 몇 년이 지나서 상권이 자리를 잡으면서 상가가 활성화되었고 임차인의 임대수요도 늘어났다. B씨는 월급 외에 탄탄하고 유망한 부수입처를 얻게 되었다며 기뻐했다.

C씨는 A씨나 B씨와 조금 목적이 다른 경우였다. 상가 투자자이기는 했지만 임차인 선정에 애쓰지 않았다. 왜냐하면 본인이 직접 상가를 운영할 생각이었기 때문이다. C씨는 정년까지 시간이 꽤 남아 있었지만 창업에 대한 욕구가 강했다.

C씨와의 상담을 통해 커피숍을 차리는 것으로 결정했다. 커피숍이 과잉 상태이기는 했지만 C씨는 오랜 기간 커피를 공부하고 주말마다 커피숍에서 아르바이트를 하는 등 커피에 대한 애정과 열정이 상당했다. C씨의 의지를 꺾기보다 좋아하는 일에서 모든 에너지를 쏟고 우수입지 선정 및 차별화전략 제시로 창업을 성공시켜야겠다는 마음이 들었다.

수익형 부동산을 주로 다루면서 창업 경험도 있는 나는 창업자의 시선으로도 상가를 꼼꼼히 체크했다. C씨는 본인이 직접 가게를 운영해야 한다는 생각에 투자자이자 임차인의 관점으로 상가를 물색했다. 스스로 상가를 끌고 나가야 했기 때문에 유동인구까지 꼼꼼히 체크했다. 몇 달간의 조사 끝에 수요 대비 상업시설이 부족한 지역의 상가를 구했다. 이면도로이기는 했지만 주변 거주인구의 유동이 많아 커피숍 운영에도 지장이 없어 보였다.

오매불망 기다리던 커피숍 창업주가 된 C씨는 본인이 원하던 꿈을 마음껏 펼쳐나가는 중이다. 비교적 창업수요가 많은 커피숍 업종인 만큼 주변에 경쟁업종 입점이 걱정되기는 하지만 워낙 의욕적이고 일 자체를 즐기는 성격이기에 충분히 승산이 있을 것으로 보인다. 특히나 임대료에 대한 부담이 없는 점도 경쟁력 측면에서 유리할 것이다.

상가 투자 실패 사례

D씨는 살아오면서 한 번도 실패를 해본 적이 없다고 자부하는 50대 중년 남성이었다. 학창시절에는 공부에 열중해 국내 명문대를 졸업했고 유수 대기업에 입사해서도 승승장구했다. 그러다 보니 어떤 일이든 두려움이 없었다. 어느 정도 스스로 공부까지 마친 D씨는 거침이 없었다. 나는 D씨를 몇 번 본 적이 있었지만 그렇게 가까운 사이는 아니라서 직접 투자 컨설팅을 할 기회는 없었다. 그러다가 나중에 D씨가 상가 투자를 했다는 사실을 알았다.

D씨는 사회적 위신 때문인지 서울 강남 상권 내 상가를 그것도 지상 1층 상가만 고집했다. 마치 주식에서 대장주를 사듯이 상가도 대장을 골라야 한다는 취지였다. 문제는 자금이 그렇게 넉넉하지 않았다는 점이다. 대기업에서 오래 근무해 돈이 적은 편은 아니었으나 이미 아파트에 많은 돈을 들여 강남 1층 상가를 사기에는 다소 무리가 있어 보였다. 주변의 몇몇 부동산업계 지인들이 주의를 주려 했지만 워낙 성격이 강해서 잘 통하지 않았다. 결국 D씨는 엄청난 대출을 끼고 강남의 1층 상가를 사는 데까지는 성공했다. 하지만 강남 1층 상가의 임대료를 감당할 수 있는 임차인은 많지 않

왔고 공실이 반복되었다. 대출을 많이 낀 투자였기에 이자비용이 부담스럽게 와닿았다.

D씨에게 상가 투자의 목적과 자신에게 맞는 상가는 어떤 모습이었을까? 자신의 외적인 모습을 상가에 투영해서 과시하려는 데 너무 신경 쓴 것은 아닐까? 그러다 보니 실제 본인에게 맞는 상가를 선택하지 못하는 오류를 범한 게 아닌가 싶다.

E씨는 감수성이 예민한 사람이었다. 외모로만 보면 상남자인데 분위기에도 쉽게 휩쓸리고 성격도 여린 편이었다. 그리고 귀가 얇아 다른 사람들의 말을 잘 들었다. 영업사원이 봤을 때는 충동구매로 연결시키기 좋은 스타일이었다.

친구와의 약속장소에 예상보다 일찍 도착한 그는 처음에는 남는 시간에 분양홍보관에서 차나 한잔 마시며 설명을 듣겠다는 가벼운 마음이었다. 길거리에서 만난 분양상담사를 따라 홍보관에 들어간 그는 그날 계약서 작성을 마쳤다. 나중에 이야기를 들어보니 영업사원이 얘기한 미래 전망을 듣고 성공하지 않을 수 없다는 확신이 생겼단다.

E씨가 투자한 상가는 실제 개발호재 뉴스가 많은 곳에 위치해 있다. 하지만 뉴스 보도대로 개발이 이루어지지 않았다. 10년이 넘는 기간 동안 제자리에 멈춰 있는 개발사항과 함께 E씨의 상가 공실도 길어졌다.

분양상담사가 홍보하는 개발호재에 대해 E씨가 조금 더 객관적이고 현실적으로 알아봤으면 어땠을까 하는 아쉬움이 있다. 그게 어려웠다면 상가 전문가들에게 도움을 구해봤어도 좋았을 텐데 하는 아쉬움이 든다.

F씨는 수익률 보장을 제시한 상가에 투자했다가 실패한 경우이다. 상

가 중에서 확정 수익률을 내놓는 곳이 있다. 공실 등에 관계없이 수익률을 제공한다고 하니 귀가 솔깃해질 수밖에 없다. 하지만 분양받고 몇 번 입금되던 돈은 이후 들어오지 않았고, 돈을 지급해야 하는 시행사는 사라져버렸다. 입지가 그다지 좋지 않아 상가는 계속 비어 있고 약속된 수익금은 들어오지 않으니 상가가 원수처럼 보일 지경에 이르렀다.

수익률 보장 상가에 대해 뒤에서 다루겠지만 상가를 선택할 때 제시하는 수익률은 중요한 것이 아니고, 해당 상가의 자체 가치가 중요하다. 내가 칼럼, 강의, 컨설팅에서 자주 하는 말이 "상가의 본질과 자체 가치를 보라."인데, 가끔 유혹적인 조건에 혹해 계약하는 사례를 접하면 안타까운 생각이 든다.

그 밖에 본문 내용과 관련해서 다양한 성공 사례와 실패 사례를 이야기할 예정이다. 성공 사례를 보며 하루 빨리 상가 투자를 해야겠다는 생각이 들 수도 있고, 실패 사례를 보며 투자가 무섭다는 생각이 들 수도 있다. 진심을 다해 꾸준히 연구하고 믿을 만한 전문가의 조언을 구해서 상가 투자를 진행한다면 실패 확률보다는 성공 확률이 높다. 나는 이 책을 통해 성공 확률을 높이고자 한다.

2장

상가 투자의 기본 중 기본

01

상가 유형별로 체크해야 할 점이 다르다

주택이 단독, 다가구, 빌라 등 여러 형태가 있듯 상가도 유형이 다양하다. 여기서는 이 상가 유형에 대해서 살펴보고자 한다. 먼저 상가는 구하는 형태에 따라 분양상가, 매매상가, 경매상가로 나눌 수 있다.

분양상가는 보통 앞으로 세워지거나 지어진 지 얼마 안 된 상가이고, 매매상가는 완성된 모양의 상가이고, 경매상가는 경매장에서 입찰되는 상가이다. 각기 공급되는 장소가 다른데, 분양상가를 구하려면 분양홍보관으로, 매매상가를 구하려면 공인중개사사무소로, 경매상가를 구하려면 법원으로 가야 한다.

나는 상업용 부동산업을 하면서 경매상가는 취급해본 적이 거의 없다. 이 책에서는 분양상가와 매매상가 투자를 중심으로 풀어갈 예정이다.

입주 가구를 대상으로 하는 단지 내 상가

단지 내 상가는 아파트 등 공동주택에 들어서는 상가이다. 거주하고 있는 아파트나 인근 아파트 내부에 있는 상가가 바로 단지 내 상가이다. 단지에 입주가구가 안정적인 소비층을 형성해주기 때문에 상가 투자 초보자가 관심을 많이 보이는 형태이다. 당장 큰 수익보다 지속적으로 꾸준한 월수입을 받고자 하는 이들의 관심이 높다. 공동주택과 함께 건설되기 때문에 주택법의 적용을 받는다는 것이 단지 내 상가의 특징이다.

단지 내 상가라는 형태는 장점이기도 하고 단점이기도 하다. 단지 내에 위치해 있어 단지 주민들의 상가 유입이 안정적이고 독점적이라는 점에서는 장점이지만, 추가 수요 유입이 어렵다는 점에서는 단점이다. 그런 의미에서 단지 내 상가에 투자할 때에는 주수요층인 해당 단지를 잘 살펴야 한다.

거주세대가 수요자의 대부분을 차지하게 되는 만큼 세대수가 어느 정도 규모를 갖춘 것이 좋다. 상가 전문가들은 보통 800~1,000가구 이상인 단지 내 상가를 추천하는 경우가 많다. 하지만 세대 규모가 단지 내 상가 투자의 절대적 기준이 되어서는 곤란하다. 세대수보다 단지 내 상가의 점포 공급량, 단지 내 거주세대 구성, 거주민들의 동선 등이 중요하다.

단지 규모가 아무리 커도 단지 내 상가의 점포 수가 과잉되면 메리트를 느끼기 어렵다. 예를 들어 5,000세대의 대단지라도 점포 수가 1,000개나 된다면 경쟁력을 가지기 힘들다. 반대로 단지 규모에 비해 단지 내 상

단지 내 상가

가가 너무 적어 존재감 자체가 없으면 단지 주민들이 해당 상가를 외면할 가능성이 있다.

단지 규모에 맞는 적정한 점포 수로 공급되어야 바람직한데, 적정 점포 수는 어떻게 판단해야 할까? 가구당 상가면적이 0.5평(약 1.65m²)을 초과하는지 확인하면 좋다. 예를 들어 투자 희망 단지의 가구수가 800세대일 경우, 800×0.5평(약 1.65m²)의 결과값인 400평(약 1,320m²)의 연면적을 넘어서면 투자 가치는 떨어진다. 가구수 대비 상가가 많아지면 공실 증가로 이어져 수익성이 하락한다.

조금 직관적으로 살펴보려면 단지 내 상가의 업종 구성에 대해 알아둘 필요가 있다. 단지 내 상가의 기본업종으로는 세탁소, 슈퍼(편의점), 미용실, 공인중개사사무소 등이 꼽힌다. 규모가 더 커지면 중국집, 치킨집, 반찬가게 등이 생기고 그다음으로는 학원, 인테리어숍, 한의원, 커피숍 등이 입점하는 게 보통이다.

프롤로그에서 상가 투자자는 임차인의 입장에서 바라보는 작업이 반드시 필요하다고 한 바 있다. 단지 내 상가 투자를 하면서 본인이 해당 단지 내 상가 임차인이라 생각하고 진입이 가능한 업종인지 시장 가능성을 판단해보자. 예를 들어 이 상가에 치킨집이나 병원이 들어서면 가능성이 있을지, 가능하다면 몇 개까지 입점할 수 있을지 등을 임차인의 입장에서 생각해보면 점포 수가 적정한지 과잉인지 대략 판단할 수 있다. 만약 이 판단이 어렵다면 전문가의 조언을 구하자.

단지 내 거주 형태 역시 중요하다. 이를 위해서는 해당 아파트나 공동주택의 주요 면적 구성 파악이 필요하다. 보통 단지 내 상가 투자자는 중대형 면적 위주의 아파트 단지를 선호하지 않는 편이다. 중대형 면적 거주자들은 아파트 단지 내 상가 이용보다 외부 상가 활용이 큰 것으로 알려져 있기 때문이다. 그래서 중소형 단지가 많은 곳이 유리하다는 평가를 받는다.

단지 내 상가를 '단지 거주세대를 독점적 수요로 확보할 수 있는 상가'라 말하지만 그렇지 않은 경우도 있다. 내가 아는 신도시 지역 아파트 거주자는 1,500세대의 중소형 면적 위주의 대단지에 사는데, 본인이 살아보니 실제로는 단지 내 상가 이용률은 매우 낮다고 한다. 아파트 단지 근처로 발달된 근린 상가와 대형 마트 때문이다. 아파트 주민들이 이용하는 데 불편이 없을 정도로 가까운 곳에 활발한 상권이 형성되어 있고 대형 마트 또한 가까우니 아파트 주민들이 단지 내 상가를 외면하는 것이다. 그러므로 단지 내 상가 투자자들은 주변 경쟁상권 유무를 잘 체크해야 한다. 나아가 아파트 단지 거주세대의 주요 동선을 파악하고 상가의 접근성이 양호한지도 살펴보는 것이 좋다.

단지 내 상가는 분양사무실이나 공인중개사사무소에서 구할 수도 있지만 한국토지주택공사에서 제공하는 상가를 입찰받을 수도 있다. LH가 공급하는 단지 내 상가는 민간 단지 내 상가보다 점포 수가 적고 입찰가도 상대적으로 낮게 책정하는 경우가 많다. 다만 입찰제인 만큼 실제 최종 가격은 높아질 수 있다. 입찰 상가를 적정한 가격에 낙찰받으면 성공적인 투자가 가능하지만 높은 가격으로 써내면 낙찰받고도 손해 보는 '승자의 저주'를 겪을 수 있다. 적정 입찰가를 잘 판단해서 입찰해야 하고, 조금 거창하게 이야기하자면 입찰전략 수립이 필요하다.

수년 전 LH 단지 내 상가 흐름을 체크하던 시기에 내가 상가 대부분의 현장별 낙찰률, 점포별 낙찰가 등을 근사치로 맞혀 주변 사람들이 놀란 적이 있다. 실제 단지 내 상가의 특성과 해당 지역 및 입지 등을 연구하다 보니 예측이 잘 맞아떨어졌다. LH 단지 내 상가나 민간 단지 내 상가 모두 해당 단지 및 주변 연구가 필수적이다. 반드시 현장을 방문해보고 주민들의 접근 편의성을 확인하는 것이 좋다.

확장성이 기대되는 근린 상가

도로나 거리에서 볼 수 있는 일반적인 형태의 상가는 대부분 근린 상가이다. 건물 전체가 상업시설로 이루어지며 규모는 보통 지상 4~7층이 많다. 단지 내 상가와의 대표적인 차이점은 수요 확대 가능성이다. 일반적으로 근린 상가는 유동인구를 대상으로 운영되므로 주변 거주자의 동선에 따라 방문 수요 확대를 기대할 수 있다.

근린 상가를 구성하는 점포의 업종도 단지 내 상가에 비해 다양하다. 음식점, 은행, 편의점, 병원, 학원, PC방, 약국, 문구점, 휴대폰 매장, 헬스장, 미용실 등 다양한 업종이 입점한다. 상가의 입지에 따라 유흥시설 입점까지도 가능하다. 대개 1층에는 음식점 및 판매점이, 2층 이상에는 학원, 병원, 헬스장 등이 들어온다.

근린 상가는 유동인구가 주요 수요층인 만큼 접근 편의성이 중요하다. 역 주변이라든지 유동인구 밀집지역, 대학교 앞 또는 대규모 배후세대 인근 등이 근린 상가 입지로 유리하다. 반대로 오르막길에 있다든지 길이 비좁아 차량 접근이 어렵다든지 하면 외면받을 가능성이 높다.

유동인구가 많은 근린 상가는 경쟁이 치열해 업종 전환도 빠른 편이다. 이는 공실 가능성을 높이는 요인이기 때문에 근린 상가 투자자라면 가능한 한 장기적으로 영업할 수 있는 임차인을 맞는 것이 좋다. 대형 시설이 투입되는 병원은 비교적 운영기간이 긴 업종에 속한다.

그 밖에 근린 상가 내에 점포가 어디 위치하느냐도 중요하다. 출입구

근린 상가

와 가까운 곳, 엘리베이터 옆, 코너, 외부 도로와 연결되는 스트리트형 상가 등이 그렇지 않은 점포에 비해서는 가시성 및 접근성이 우수하다.

층수도 많고 점포도 여러 개인 만큼 자금 사정과 목표에 맞는 상가를 고르는 게 근린 상가 투자자에게 중요하다. 원하는 수준의 임대료를 받을 수 있는 점포를 찾아야 하며 무리해서 대형 상가나 1층 상가만을 고집하는 것은 좋지 않다.

건물 내에 주거시설을 보유한 주상복합상가

주상복합상가는 건물 내에 주거시설과 상가가 함께 있는 형태이다. 건물의 고층부는 주거시설이나 오피스시설이고, 저층부는 상가로 꾸며지는 게 일반적이다.

주상복합상가는 상층부 인구를 자체 고정수요로 확보한 상태에서 주변 유동인구까지 기대할 수 있다. 대체적으로 입지가 양호한 곳에 자리잡아 교통이 편리하고 유동인구가 많은 편이다. 지하철역에서 직접 연결되는 주상복합상가도 적지 않다. 또 단지 내 상가에 비해서 진입할 수 있는 업종의 폭이 훨씬 다양하다.

하지만 주의해야 할 점도 있다. 그동안 상가 투자 컨설팅 및 상담을 진행하면서 주상복합상가로 성공한 사례도 많이 보았지만 실패 사례도 많이 보았다. 특히 초보 투자자가 주상복합상가에 관심을 보일 경우, 조금 신중하고 차분하게 따져보라고 권하고 있다.

주상복합상가는 분양가가 다소 높은 편이다. 입지가 가격에 반영되어 있는 셈이다. 분양가가 높을 경우 수익률을 확보하려면 임대료를 높여야 하는데, 이렇게 되면 임대수요가 줄어들 가능성이 있다. 따라서 분양가 대비 예상수익률을 철저히 따져봐야 하며 공실을 대비해 수익률 자체를 보수적으로 책정할 필요가 있다. 내가 본 주상복합상가 실패 사례는 바로 이 부분을 놓쳤다. 예상수익률에 맞는 임차인을 구할 때까지 공실이어서 어려움을 겪은 것이다.

주상복합상가

잘 살펴봐야 할 부분은 또 있다. 바로 상층부 입주율이다. 아파트는 보통 시간이 지나면 입주율이 어느 정도 채워지는 일이 많지만 주상복합의 상층부는 그렇지 않은 경우도 많다. 예를 들어 상층부에 500실의 거주세대가 공급되어 투자를 했는데 실제 준공 후 입주율이 떨어지면 난감해질 수 있다. 그러므로 사전에 꼭 인근 부동산 등을 통해 입주현황 및 전망을 확인해봐야 한다.

당장 입주율이 좋아도 몇 년 후에는 입주율이 떨어질 수 있다는 점도 감안해야 한다. 주상복합 건물의 공급이 늘어나면서 지역에 따라 공급과잉 발생이 우려되고 새 건물이 생기면 상대적으로 연식이 오래된 곳의 인기가 낮아지기 때문이다.

그 밖에 위치적으로 살펴야 하는 부분도 있다. 주상복합상가 중에는 진입도가 떨어져 외부유입이 현격히 낮은 점포들이 간혹 있다. 이를 사전에 확인해야 한다. 현재 지어진 상가라면 직접 가서 확인하면 되겠지만 아직 지어지지 않은 분양상가라면 도면을 통해 미리 점검해보아야 한다. 도면을 보기 어렵다면 전문가에게 요청하면 된다. 주상복합상가의 후면 이면 도로에 있다거나 진입이 어려운 지하상가 등은 활성화에 어려움을 겪을 수 있다. 혹시 가격이 싸더라도 진입로를 잘 고려해보아야 한다.

흔히 업계에서 '먹상가'라 불리는 내부 상가가 있다. 먹상가는 외부와의 접점이 없어 외부에서 눈에 띄지 않는다. 당연히 고객의 방문이 적을 확률이 크다. 먹상가가 주상복합상가 중 적지 않게 있어 확인이 필요하다. 역시 현재 운영 중인 상가라면 현장을 방문해보고, 아직 지어지지 않은 상가라면 도면을 통해 확인해보자.

주상복합상가는 단지 내 상가와 근린 상가의 장점을 모두 누릴 수 있는 형태라고 하는 전문가들이 있다. 하지만 반대로 단지 내 상가의 장점과 근린 상가의 장점을 온전히 누리지 못할 수도 있다. 주상복합상가에 투자할 때에는 장점이 될 만한 사항과 단점이 될 만한 부분을 모두 살피고 현재보다 몇 년 후의 사항을 예상해보아야 한다.

지식산업센터 입주기업 종사자 대상인 지식산업센터 지원상가

지식산업센터 지원상가는 지식산업센터 건물에 있는 상가이다. 지식산업센터는 예전에 아파트형 공장이라 불리던 시설인데, 과거에는 제조업 위주였으나 최근에는 지식산업, 정보통신사업 등 다양한 업종의 기업이 자리하고 있다.

실제 지식산업센터에 가보면 공장이라는 느낌보다 사무실 분위기가 강하다. 지식산업센터 내에 들어가는 상가는 보통 편의점, 구내식당, 은행, 식당, 커피숍, 문구점, 병원 등의 업종으로 구성된다.

지식산업센터 지원상가

지식산업센터 지원상가는 점포 과잉공급이 드물다는 장점이 있다. 일정 수준을 넘어서는 상가를 공급할 수 없게 되어 있어 자연스럽게 일정 수요를 확보할 수 있다. 또한 특정 업종에 대해 독점권을 주는 지식산업센터 지원상가가 늘어나고 있는데, 이 독점권이 제대로 지켜지면 점포의 경쟁력이 올라가서 상가 투자자도 안정적 수익확보를 기대할 수 있다. 또 건물 내 입주기업 종사자들이 직접적 수요층이 될 확률이 높다. 주상복합상가처럼 고정수요가 확보되면서 가격은 주상복합상가에 비해 낮다는 장점이 있다.

반면에 잘 살펴야 할 점도 있다. 지식산업센터 상가는 주 수요층이 지식산업센터 종사자인 만큼 지식산업센터 입주율이 양호해야 한다. 주5일제가 정착되면서 주말에 출근하는 직원이 드물다. 평일에는 북적북적하던 지식산업센터가 주말이면 텅 비는 경우가 많다. 손님이 없으니 점포들도 덩달아 주말에는 문을 닫는 일이 많은데, 주5일 영업으로도 점포가 잘 운영될 수 있는지를 따져볼 필요가 있다. 그 밖에 주상복합상가처럼 외부인구 진입이 어려운 후면상가나 먹상가 등이 지식산업센터 상가에서 발견되기도 한다.

지식산업센터 컨설팅 전문 명우부동산 이상호 대표는 "지식산업센터 지원상가 투자 시에는 기본적으로 단지 내 지식산업센터 입주율, 입주인구, 건물의 규모 등을 잘 살펴볼 필요가 있다."라고 조언한다. 또 지식산업센터마다 상가비율이 조금씩 다른 경우가 많다며 이를 잘 파악해 가급적 상가비율이 낮은 곳을 택하라고 강조했다.

한 가지 주제의 상가가 밀집한 테마 상가

테마 상가는 하나의 주제를 가진 상가라고 이해하면 편하다. 예를 들면 의류상가, 메디컬 상가, 전자상가, 의류상가 등이다. 이들은 건물 전체가 동일하거나 유사한 아이템 상품으로 꾸며진다. 똑같거나 비슷한 아이템이 모여 있어서 집적효과를 기대해볼 수 있다는 게 테마 상가의 장점이다. 어떤 상품을 구매하기 위해 상가에 갔을 때 다양한 상품을 한곳에서 만날 수 있으니 소비자로서는 시간과 비용을 아끼며 최적의 상품을 사기 좋다. 실제 과거 용산 전자상가나 동대문 의류상가가 호황을 거둔 것도 이러한 메리트 덕분이다.

그런데 최근 상가 투자자들 중에 테마 상가를 추천하거나 추천받은 사람은 드물 것이다. 테마 상가로 이익을 본 사례가 적어졌기 때문이다. 과거 호황기에는 테마 상가로 짧은 기간에 부를 축적하는 이들이 있었다. 테마 상가는 규모가 그렇게 크지 않기 때문에 소액으로 투자가 가능한데, 혼자 여러 개를 구매하여 돈을 번 것이다. 그렇지만 점차 이익의 양이 축소되더니 급기야 손해를 보는 사람들이 늘어났다.

주상복합상가 투자의 실패를 몇 차례 본 적이 있다고 얘기한 바 있는데, 테마 상가 투자는 그보다 훨씬 많은 실패를 접했다. 여기에는 상가 후분양제도 미시행과 무분별한 확정 수익 보장이라는 조금 더 깊이 생각해야 할 문제도 있지만, 기본적으로 테마 상가의 본원적 경쟁력이 약화된 것으로 보인다.

우선 테마 상가의 숫자가 급격히 늘어나면서 공급과잉이 이루어진 측면이 있다. 약 $1.25m^2$의 면적을 구좌별로 분양해 규모가 작은 점포들로 구성된 상가 건물이 대량 공급되면서 희소가치가 떨어져 장사가 잘되지 않는 점포가 늘어났다.

여기에 인터넷 쇼핑몰의 확장도 큰 영향을 미쳤다. 특히 인터넷 쇼핑으로 대체가 용이해진 테마 상가 물건의 매출이 많이 떨어졌다. 과거 가격이나 상품 정보를 잘 모르던 소비자들은 관련 상품이 모여 있는 테마 상가를 직접 방문해 정보를 얻고 그 과정에서 구매까지 이어졌다. 그런데 이제는 소비자들이 인터넷을 통해 정보를 파악하고 또 그 내용을 공유하고 구매까지 이어지니 굳이 테마 상가에 갈 이유가 없어진 것이다.

'상가의신'에서는 상업시설 건물을 건설할 때 어떻게 상업시설을 꾸밀지를 구상하는 '상업시설 MD기획'도 하고 있다. 과거에는 테마 상가 기획을 희망하는 공급자가 많았지만 지금은 거의 없는 상태이다. 상업용 부동산 현장에서는 유아를 대상으로 한 캐릭터몰을 제외하고는 테마 상가 형태의 신규 공급은 보기 어려워진 상황이다.

공급과잉과 더불어 테마 상가의 리스크로 환금성의 어려움을 들고 싶다. 테마 상가는 특성상 한 임차인이 빠지면 동일한 업종의 임차인이 입점해야 한다. 그런데 해당 업종 자체의 창업 수요가 줄면 임차인을 구하기가 어렵다. 슬슬 임차인이 빠져나가면 상가건물이 마치 이빨이 빠진 것처럼 되어버려 보기 흉해지고 고객의 방문도 줄어든다. 경매를 통해 테마 상가 여러 개가 동시에 나오는 경우도 있다.

테마 상가는 확정 수익 보장에 현혹되지 말고 해당 업종의 가능성을 잘 살펴보는 것이 중요하다. 아무래도 초보 상가 투자자들이 비교적 낮은 금액으로 진입했다가 나중에 고생한 사례를 적지 않게 보았기 때문에 테마 상가의 단점을 많이 이야기한 것 같다. 다만 어려운 테마 상가가 있다고 해서 모든 업종이 다 실패하는 것은 아니다.

일률적인 업종이 무난하게 들어선 상가보다 콘텐츠 형태로 기획된 상가가 주목받는 시대가 올 것이다. 현재로서는 노인들을 대상으로 한 메디컬 상가나 유아와 어머니가 함께 즐길 수 있는 콘텐츠로 구성된 'Mom&Kids' 테마 상가 등은 가능성이 있어 보인다.

주거 해소와 임대수입을 동시에 해결하는 상가 주택

상가 주택은 말 그대로 상가와 주택이 합쳐진 것이다. '주택형 상가'라고도 하는데 보통 1층이나 2층은 상가로, 상층은 주택으로 활용한다. 주택가에서 흔히 볼 수 있는 상가 형태이다. 경기도 판교시 백현동 카페거리나 서울 서초구 서래마을 카페거리 등이 대표적인 상가 주택 밀집지역이라 할 수 있다.

상가 주택은 지금도 관심이 높은 편인데, 한때 노후 대비용 핫 아이템으로 떠오르며 선풍적 인기를 끌었다. 소유주가 직접 거주하면서 주거문제를 해결하고 1층이나 2층에는 상가나 사무실을 임대하여 월세 수입을 올릴 수 있는 장점으로 몇몇 해당 용지의 입찰결과 높은 경쟁률이 나타나기도 했다. 상가 주택은 보통 용지를 매입한 뒤 전문 업체에 의뢰해 신축하는 과정을 거친다. 내게도 상가 주택 가치를 문의하는 사람이 적지 않아서 몇 년 동안 상가 주택 용지를 상당수 검토했다.

상가 주택은 가치 판단이 어렵다는 단점이 있다. 상가 주택은 입지가 아주 중요한데 주택 용지의 가치를 개인이 판단하기는 쉽지 않다. 어느 상가 주택이 높고 안정적인 수익률을 거두며 잘된다고 해서 그 근처의 상가 주택이 모두 다 잘될 확률은 적다. 개별적 상권과 입지조건에 대한 분석이 정확이 이루어지면 고수익을 거둘 수 있지만 그렇지 않으면 손해를 보기 십상이다.

상가 주택

환금성이 다른 상가에 비해 약하다는 단점도 있다. 주택은 아파트보다 거래가 적은 편이며 전문 관리인이 존재하는 것이 아니어서 노후화가 빠른 편이다.

앞으로 저금리 기조가 계속 유지된다면 노후를 준비하는 이들을 중심으로 상가 주택이 계속 주목받을 것이다. 주거와 수익을 동시에 만족시킬 수 있는 것은 확실히 보기 드문 메리트이다. 하지만 역시 성공적인 상가 주택 투자를 위해서는 상권 및 입지 분석에 대한 철저한 조사와 판단이 선행되어야 할 것이다.

02

상가 투자자가 꼭 알아야 할 상가 용어

적지 않은 투자금액이 들어가는 상가 투자 전에 미리 알아둬야 할 사항이 많다. 우선 상가 투자 현장에서 자주 쓰이는 용어를 정리해보았다.

지하철 역세권

부동산 시장에서 역세권은 역 주변 입지를 가리키는 말이다. 2개의 역을 사용할 수 있는 곳은 더블 역세권, 3개의 역을 사용할 수 있는 곳은 트리플 역세권이라고 한다. 4개의 역을 사용할 수 있는 곳은 쿼트러플 역세권이라고 한다. 서울 왕십리역처럼 2호선, 5호선, 중앙선, 분당선 등 4개

노선이 공유하는 역의 주변 입지는 쿼트러플 역세권이다. 주거형 부동산 시장에서도 역세권이 인기가 많은 것처럼 상가시장에서도 역세권의 인기가 높다.

그런데 역이 많아지면서 역세권의 기준이 좀 애매해졌다. 심지어 역세권 아닌 곳이 없다고 여겨질 때도 있다. 역과 가까운 것이 역세권인데 막상 현장에 가보면 거리가 꽤 있는 경우도 있고, 도보 거리가 긴 곳에 있는 역을 환승역이라고 어필하는 경우도 보았다.

역과 어느 정도로 가까워야 역세권 상가라고 할 수 있는지에 대해서는 스스로 판단하는 것이 좋다. 역세권 상가는 투자자들에게 인기가 많으므로 뒤에서 좀 더 자세히 다룰 예정이다.

임대인·임차인

너무 기초 용어라서 소개하지 않으려 했으나 아직 임차인이라는 용어에 익숙하지 않고 임대인과 임차인을 혼동하는 사람이 있으므로 간단히 언급하겠다.

상가시장에서 임대인은 점포를 빌려주고 임대료를 받는 사람이다. 대부분의 상가 투자자가 임대인을 목표로 하고 있다. 임차인은 임대인과 반대 개념이다. 점포를 빌리고 임대료를 내는 사람이고, 자영업자들이 보통 임차인이 된다. 주택 임대시장으로 비교해보면 집주인이 임대인이고 세입자가 임차인이다.

상가 투자자들에게 임차인은 굉장히 중요하다. 임차인을 구해야 월 임대료를 차질 없이 받을 수 있고, 우량 임차인을 만나야 장기적이고 안정적인 임대수입이 가능하기 때문이다.

선임대 상가

선임대 상가는 상가 투자에 관심이 없다면 다소 생소할 수 있는 용어이다. 선임대 상가는 임차인을 확보해놓은 상가를 의미한다. 매수하기 전에 임차인을 구하기 위한 노력을 하지 않아도 된다는 측면과 공실의 공포에서 상대적으로 자유롭다는 점에서 메리트가 있다.

이런 장점 때문에 선임대 상가를 강조하는 상가 현장이 많고 투자자들 중에서도 선임대 상가만을 찾는 사람이 많다. '상가의신'에서도 선임대 상가 메뉴를 따로 구분해놓고 있다.

그런데 선임대 상가에서도 주의해야 할 부분이 있다. 역세권과 마찬가지로 선임대 상가도 조금 뒤에서 좀 더 자세히 다룰 예정이다.

상가 전용률

아파트 구매 시 전용면적이라는 용어를 자주 들을 수 있다. 주택 구매 시에도 실면적이라는 용어가 자주 언급된다. 아파트에서 분양면적과 전용면적이 따로 있는 것과 마찬가지로 상가 역시 분양면적과 전용면적이 나뉜다.

분양면적에서 전용면적이 차지하는 비율을 전용률(%)이라고 한다. 상가 중에는 전용률이 90% 가까운 곳이 있는가 하면 30~40%대로 낮은 곳도 있다. 보통 소형 독립상가나 단지 내 상가의 전용률이 높은 편이고 주상복합 등이 다소 낮은 편이다.

그렇다면 전용률이 높은 상가가 좋은 상가이고 전용률이 낮은 상가가 안 좋은 상가일까? 전용률이 높으면 유리한 측면이 있지만 꼭 그렇다고 할 수는 없다. 전용률이 높으면 상대적으로 고객을 위한 외부공간은 부족하게 된다. 공용면적이 줄어들면 고객은 해당 상가 방문에 불편함을 느낀다. 그렇게 되면 고객들이 편의성이 좋은 다른 상가로 이동하게 되고 해당 상가는 영업에 어려움을 겪게 된다. 전용률을 따지는 것은 좋지만 전용률이 높다고 좋은 상가, 전용률이 낮다고 나쁜 상가로 단정 짓기는 어렵다.

시행사·시공사·분양전문마케팅사·신탁사

시행사는 해당 상가의 주체라고 보면 된다. 용지를 구입해 관공서를 통해 인허가 업무를 진행하고 상가를 공급하며 분양과 분양 이후 관리까지 진행한다. 한마디로 상가를 짓기 전부터 분양하고 나서까지 거의 모든 과정을 담당하는 곳이다. 개념이 약간 어렵다면 건물주의 입장이라고 생각하면 편하다.

시행사가 이렇게 중요한 역할을 하고 있음에도 시행사에 별 관심을 두지 않는 투자자가 많다. 시행사의 역량과 노하우에 따라 상가공급과 활성화에 큰 차이를 보일 수 있으므로 해당 시행사의 과거 업력을 살펴보는 것도 나쁘지 않다. 특히 상가가 렌트프리, 선임대, 확정 수익 등을 제공하는 경우 시행사의 능력과 의지를 확인해볼 필요가 있다. 상업용 부동산 업무를 오래하면서 많은 시행사를 접해보았다. 알차고 내실 있게 사업을 진행하는 시행사가 많았지만, 간혹 불성실한 사업 진행으로 투자자 및 관계자를 힘겹게 하는 시행사도 있었다.

시공사는 건물을 짓는 곳이다. 해당 건물의 공사를 착공부터 준공까지 담당한다. 일반적으로 건설사가 시공사가 되다 보니 시행사보다 시공사의 이름이 낯익은 경우가 많다. 실제 유명 건설사는 상가 이름에 시행사보다 시공사의 명칭이나 브랜드를 넣어 수요자들의 관심을 끌어 모으기도 한다. 건설사는 시공능력 평가순위가 발표되므로 이를 참고하면 시공사의 수준을 어느 정도 파악할 수 있다.

분양전문마케팅사는 시행사로부터 분양대행을 위임받아 상가 투자자에게 상품을 설명해 계약까지 진행하는 곳이다. 신규 상가의 계약은 이들 분양전문마케팅사가 담당하는 게 보통이다. 기존 상가는 대부분 인근 중개업소에서 진행한다.

투자자들이 신규 상가를 알아보고자 할 때 제일 먼저 접하는 대상이 바로 이 분양전문마케팅사이다. 이들은 판매를 주목적으로 하는 만큼 세일즈 및 마케팅 능력이 뛰어나다. 좋은 분양대행사 직원을 만나 우량 정보를 얻거나 친절하게 투자 가이드를 받을 수 있지만 성급한 계약 유도로 인해 추후 다툼이 발생하기도 한다.

신탁사는 금전과 관련된 업무를 맡는 곳이다. 이제는 분양받는 사람들의 자금 안전성을 위해 대부분 신탁사의 계좌로 분양금액을 입금한다. 분양금액을 시행사가 자의적으로 사용할 수 없도록 하여 분양받는 사람의 자금 안전성을 높인다.

상가 권리금

상가 권리금은 상가 투자자에게 직접적 영향을 주지 않을 수 있지만 자신이 보유하거나 보유하고자 하는 상가에 연관된 문제이기 때문에 알아두는 게 좋다.

권리금은 이전 임차인이 다음 임차인에게 받는 금액이다. 최근에는 주택에서도 전세가 많아지면서 세입자가 아트월 등을 자비로 설치한 후에 다음 세입자에게 비용을 받는 경우가 있다. 역사가 깊은 상가의 권리금은 이와 비슷한 개념이다. 이전 임차인이 영업을 위해 설치한 점포 내 시설 등에 대한 권리를 요구하는 것이다.

또는 이전 임차인이 확보한 단골고객에 대한 기대감이 권리금에 반영되기도 한다. 조금 특이하게 분양상가 중에는 이전 세입자가 없음에도 '바닥 권리금'이라 하여 주변 시세를 반영한 권리금이 몇 천만 원 수준을 넘어 몇 억 원을 호가하는 경우도 있다.

어찌되었든 상가 투자자 입장에서는 권리금이 직접 자기 손으로 오지는 않더라도 투자에 참고가 되기 때문에 살펴보는 것이 좋다. 왜냐하면 권리금의 추세와 흐름을 통해 상가 및 상권의 가치를 파악할 수 있기 때문이다.

권리금이 하락추세를 보이고 있다면 해당 상권 및 상가가 경쟁력을 잃어가는 것으로 볼 수 있다. 반대로 권리금이 계속 오르고 있다면 반대 해석이 가능하다. 이는 기존 상가뿐 아니라 분양상가에도 적용할 수 있다. 상권이 자리 잡지 않은 분양상가는 해당 상가 권리금이 제대로 형성되지 않았으므로 인근 상가를 통해 권리금 추세를 확인해볼 수 있다.

1종·2종 근린생활시설

1종과 2종은 상가 투자자나 창업자가 자주 사용하며 근린생활시설의 가능업종을 표시하는 규제와 관련된 용어이다. 투자자들이 구매하기 전에 건축물대장을 떼어보면 해당 상가 용도가 1종인지 2종인지를 알 수 있다.

1종이냐 2종이냐에 따라 영업이 가능한 업종과 그렇지 않은 업종이 달라진다. 유흥업소 같은 경우에는 1종 영업허가가 나지 않는다. 그렇기 때문에 임차인으로 선정할 수 있는 폭이 좁아진다. 여기서 용도가 1종, 2종이라고 해서 해당 용도에 맞는 업종이 무조건 들어올 수 있는 것은 아니고 면적기준에 부합해야 하므로 여러 가지를 잘 살펴야 한다.

국토교통부에서 내놓은 제1, 2종 근린생활시설 내용

제1종 근린생활시설
슈퍼마켓, 이용원, 의원, 탁구장, 마을회관 등 주택가와 인접해 주민들의 생활 편의를 도울 수 있는 시설을 말한다. 「건축법」에 의한 용도별 건축물의 종류상 제1종 근린생활시설은 다음의 시설을 말한다. ① 슈퍼마켓, 일용품 등의 소매점 : 바닥면적의 합계가 1천㎡ 미만인 것 ② 휴게음식점, 제과점 : 바닥면적의 합계가 300㎡ 미만인 것 ③ 이용원, 미용원, 목용장 및 세탁소(공장이 부설된 것과 「대기환경보전법」 등에 따른 배출시설의 설치허가 또는 신고의 대상이 되는 것은 제외) ④ 의원, 치과의원, 한의원, 침술원, 접골원, 조산원, 안마원 ⑤ 탁구장, 체육도장 : 바닥면적의 합계가 500㎡ 미만인 것 ⑥ 지역자치센터, 파출소, 지구대, 소방서, 우체국, 방송국, 보건소, 공공도서관, 지역건강보험조합, 그 밖에 이와 비슷한 것 : 바닥면적의 합계가 1천㎡ 미만인 것 ⑦ 마을회관, 마을공동작업소, 마을공동구판장, 그 밖에 이와 비슷한 것 ⑧ 변전소, 양수장, 정수장, 대피소, 공중화장실, 그 밖에 이와 비슷한 것 ⑨ 지역아동센터(단독주택과 공동주택에 해당하는 것은 제외) ⑩ 「도시가스사업법」에 따른 가스배관시설
제2종 근린생활시설
일반음식점, 테니스장, 공연장, 금융업소, 사진관 등 주택가와 인접해 주민들의 생활편의를 도울 수 있는 시설을 말한다. 「건축법」에 의한 용도별 건축물의 종류상 제2종 근린생활시설은 다음의 시설을 말한다. ① 일반음식점, 기원 ② 휴게음식점, 제과점 : 바닥면적의 합계가 300㎡ 이상인 것 ③ 서점 : 바닥면적의 합계가 1천㎡ 이상인 것 ④ 테니스장, 체력단련장, 에어로빅장, 볼링장, 당구장, 실내낚시터, 골프연습장, 물놀이형 시설(「관광진흥법」에 따른 안전성검사 대상시설에 한함), 그 밖에 이와 비슷한 것 : 바닥면적의 합계가 500㎡ 미만인 것 ⑤ 공연장(극장, 영화관, 연예장, 음악당, 서커스장, 「영화 및 비디오물의 진흥에 관한 법률」에 따른 비디오물감상실 · 비도오물소극장, 그 밖에 이와 비슷한 것) 또는 종교집회장(교회, 성당, 사찰, 기도원, 수도원, 수녀원, 제실, 사당, 그 밖에 이와 비슷한 것) : 바닥면적의 합계가 300㎡ 미만인 것 ⑥ 금융업소, 사무소, 부동산중개사무소, 결혼상담소 등 소개업소, 출판사, 그 밖에 이와 비슷한 것 : 바닥면적의 합계가 500㎡ 미만인 것 ⑦ 제조업소, 수리점, 세탁소, 그 밖에 이와 비슷한 것 : 바닥면적의 합계가 500㎡ 미만이고, 다음의 요건 중 어느 하나에 해당되는 시설

제2종 근린생활시설
–「대기환경보전법」 등에 따른 배출시설의 설치허가 또는 신고의 대상이 아닌 것 –「대기환경보전법」 등에 따른 설치허가 또는 신고 대상 시설이나 귀금속·장신구 및 관련 제품 제조시설로서 발생되는 폐수를 전량 위탁처리하는 것 ⑧「게임산업진흥에 관한 법률」에 따른 청소년게임제공업의 시설 및 복합유통게임제공업의 시설(청소년 이용 불가 게임물 제공은 제외)로서 바닥면적의 합계가 500㎡ 미만인 것과 「게임산업진흥에 관한 법률」에 따른 인터넷컴퓨터게임시설제공업의 시설로서 바닥면적의 합계가 300㎡ 미만인 것 ⑨ 사진관, 표구점, 학원(바닥면적의 합계가 500㎡ 미만인 것만 해당되며 자동차학원 및 무도학원은 제외), 직업훈련소(바닥면적의 합계가 500㎡ 미만인 것을 말하되 운전·정비 관련 직업훈련소는 제외), 장의사, 동물병원, 독서실, 총포판매사, 그 밖에 이와 비슷한 것 ⑩ 단란주점 : 바닥면적의 합계가 150㎡ 미만인 것 ⑪ 의약품 판매소, 의료기기 판매소, 자동차영업소 : 바닥면적의 합계가 1천㎡ 미만인 것 ⑫ 안마시술소, 노래연습장 ⑬ 고시원(「다중이용업소의 안전관리에 관한 특별법」에 따른 고시원업의 시설로서 독립된 주거의 형태를 갖추지 아니한 것) : 바닥면적의 합계가 1천㎡ 미만인 것

출처 : 국토교통부

건축물의 용도와는 관계없지만 또 다른 규제사항인 학교환경위생정화구역도 살펴볼 필요가 있다. 학교 주변으로 진입이 금지되는 업종들이 있다. 학교환경위생정화구역은 절대정화구역과 상대정화구역으로 나뉜다. 절대정화구역은 학교출입문(학교설립예정지의 경우에는 설립될 학교의 출입문 설치 예정 위치)으로부터 직선거리로 50m 이내 지역이며, 제한된 업종은 이 구역에 진입이 일절 금지된다. 제한되는 업종은 호텔, 여관, 당구장 등 다양하다. 상대정화구역은 학교경계선 또는 학교설립예정지 경계선으로부터 직선거리로 200m 이내 지역 중 절대정화구역을 제외한 지역이다. 이 지역에는 학교환경위생정화위원회의 심의를 거쳐 해당 업종 진입이 가능하다.

투자하는 상가의 용도 및 제한사항을 확인해놓으면 임차인을 선정할 때 도움이 된다.

상가 공실

공실은 점포가 비는 것으로 점포가 빈다는 것은 임차인이 없다는 것을 뜻한다. 이렇게 되면 임대료를 받을 수 없는 것은 물론 주인이 관리비까지 지불해야 한다. 임대료는 못 받는 상황에서 관리비와 대출이자를 꼬박꼬박 내게 되면 마음고생이 깊어진다. 어떻게 보면 상가 투자자들이 피하고 싶어 하는 최악의 상황이 아닐 수 없다.

투자자와 상가 공급자는 공실에 대비하기 위해 여러 가지 방법을 취하고 있다.

첫째, 상가 공급자는 선임대 상가를 내놓고 투자자는 선임대 상가를 매입한다. 선임대 상가는 임차인이 맞춰져 있는 상가이다. 임차인이 정해져 있고 임차인과 임대차 계약을 맺었기 때문에 공실의 두려움에서 가벼워질 수 있다.

둘째, 임차인을 구하기 위해 임대료를 깎아준다. 임대료를 원하는 수준으로 받지 못할 때 공실보다는 임차인이 있는 것이 나아 임대료를 할인해주는 일이 있다. 임대료가 낮아지면 임차인의 매출부담이 줄어들어 임대수요는 늘어날 가능성이 높다. 수익률을 감안해 임대료를 낮추는 경우는 꽤 있다.

상가 공급자 쪽에서는 투자자의 공실 우려를 해소하기 위해 선임대 상가를 맞춰주거나 렌트프리 제도를 실시해 임차인 유치에 노력한다. 렌트프리는 임대료가 없는 상가이다. 임차인이 잘 들어오지 않는 신규 상권의 분양상가 등에서 간혹 사용되는 방법인데 일정기간 임대료를 받지 않음으로써 상가 활성화를 꾀하게 된다.

셋째, 임대인 자신이 장사를 한다. 점포가 비어 있는 상황에서 공실을 유지하면 임대료도 못 받는 채 관리비만 나오기 때문에 임차인을 구하기 어렵다고 생각하면 임대인이 직접 자신의 점포에서 창업하기도 한다. 이 경우는 임대료에 대한 부담이 없기 때문에 상대적으로 금전적 경쟁력을 확보한다는 장점이 있다.

그 밖에도 상가 투자를 하면서 생소한 용어를 접할 수 있다. 대부분 인터넷 검색으로 해결할 수 있겠지만 그래도 모르는 용어가 있다면 '상가의신' 대표번호나 메일로 문의하여 안내를 받을 수 있다.

03

현장의 상가 분류 기준은 따로 있다

앞에서 상가를 유형별로 단지 내 상가, 근린 상가, 주상복합 상가, 지식산업센터 지원상가, 테마 상가, 상가 주택으로 분류해보고 각각 유의사항을 살펴보았다. 그런데 상가 투자 현장에서는 또 다른 기준으로 상가를 분류하기도 한다.

스트리트형 상가

스트리트형 상가는 길을 따라 늘어선 모양의 상가를 말하며 유동인구를 흡수하기 용이하도록 동선을 따라 1~2층의 저층 위주로 상가를 배치하는 것이 특징이다. 실제로 대부분의 스트리트형 상가는 점포 접근성이 양호하여 유동인구의 상가 체류시간이 길다.

나는 시행사로부터 점포 기획 및 구상 등 상가 개발 관련 의뢰를 많이 받는데 수년 전부터 스트리트형 상가 공급을 검토하는 곳이 늘었다. 실제로 스트리트 형태로 꾸며진 상가도 주변에서 쉽게 볼 수 있다. 그만큼 스트리트형 상가에 대한 가치가 높아지고 있음을 보여주는 부분이다.

다만 스트리트형 상가는 저층 위주로 길게 형성되는 만큼 공간이 어느 정도 넓어야 하고 주변 점포가 전체적으로 함께 살아나야 한다. 겨울철에는 박스형 상가보다 추위를 막기 어려운 단점이 있어 동선을 잘 파악해 점포를 선별해야 한다. 1~2층 상가가 대부분이라서 분양가 금액이 대체적으로 높은 편이다.

코너 상가

코너 상가는 건물의 2면 이상이 노출된 상가를 말한다. 비코너 상가에 비해 노출된 부분이 더 넓기 때문에 점포 활성화에 유리하다. 투자자들 중에는 코너가 가진 이점 때문에 코너 입지만 고집하는 사람이 많다. 코너 상가 중 2면 상가뿐 아니라 총 3면이 외부에 노출된 3면 상가도 있다. 4면 노출은 독립된 건물로 봐야 한다.

코너 상가는 투자자뿐 아니라 임차인에게도 인기이다. 손님의 시선을 끌어오기 좋은 입지이기 때문이다. 코너 상가는 임대료가 상대적으로 높음에도 임대하려는 사람이 많아 환금성이 우수하다.

당연한 이야기이지만 코너 상가라고 해서 성공 투자가 보장되는 것은 아니나. 우선 입지적 장점 때문에 가격이 높고 상권, 입지, 유동 동선에 따라 결과가 다를 수 있다. 사람들의 방문이 아주 적은 곳의 코너 상가는 의미가 없다. 지나다니는 사람이 적은 곳의 코너 상가보다 지나다니는 사람이 많은 곳의 내부 상가가 더 나을 수 있다.

코너만을 따지기보다 해당 상권 수준, 유동 동선 흐름 등을 꼼꼼히 확인하자. 더불어 임차인의 업종이 코너 입지를 통해 극대화될 수 있는지도 고민해보는 것이 좋다.

할인 상가

상가 분양이나 판매가 장기화되면 상가 가격을 낮추는 경우가 있다. 상가가 한 번에 분양 또는 판매가 되어 원래 공급가격으로 종료된다면 할인할 이유가 없겠지만 장기화된다면 숙고 후 가격 할인을 하는 현장이 적지 않다. 가격을 낮추면 자금 확보나 수익률 확보 측면에서 유리해서 투자자들의 관심이 쏠린다. 가격이 낮아지면 수익률과 직결되니 눈길이 가지 않을 수 없다.

코너 상가만 찾는 투자자가 있는 것처럼 할인 상가만 찾는 투자자도 있다. 가격만 한 호재가 없다며 할인을 통한 이익을 최우선적인 장점으로 보는 것이다. 내게 가격 떨어지는 상가를 알게 되면 바로 연락 달라고 부탁하는 투자자도 헤아릴 수 없이 많다. 할인 상가에 대해서도 뒤에서 조금 더 자세하게 다룰 예정이다.

미분양 상가

판매 개시된 상가가 모두 주인을 찾는 경우도 있지만 그렇지 못할 때도 있다. 팔리지 않은 상가를 미분양 상가라고 하는데, 시행사, 분양전문마케팅사 그리고 구매자까지 모두 내켜하지 않는다. 상가를 공급하고 판매하는 시행사나 분양전문마케팅사 입장에서는 존립을 위협해서, 상가를 구매하는 수요자 입장에서는 의심이 들어서이다. 팔리지 않고 남아 있는 물건에 매력을 느끼는 이가 몇이나 될까. 오히려 팔리지 않은 데에는 그럴 만한 이유가 있다고 생각하게 된다.

시행사나 분양전문마케팅사로부터 미분양 상가의 컨설팅 요청을 받을 때가 종종 있다. 현장에 가서 보면 가격이 지나치게 높은 경우, 고객의 방문이 어려운 위치인 경우, 권리관계가 복잡한 경우 등 팔리지 않은 이유가 있었다.

그런데 충분히 팔릴 만한 상품인데도 분양되지 않은 경우도 있다. 홍보 부족이거나 시장 상황이 맞지 않아 판매에 실패한 것이다. 나는 이런 경우의 미분양 상가를 투자자에게 안내해 판매로 연결한 일이 많다.

간혹 미분양 상가를 소개해준다고 대뜸 화부터 내는 사람도 있었다. 나는 미분양 상가를 소개할 때 보통의 상가보다 훨씬 더 철저하게 검증하고 신중히 판단한 후에 권한다. 그럼에도 미분양 상가라는 것 자체에 분노하는 것이다. 내가 소개한 미분양 상가를 구매한 투자자 다수가 투자에 성공하니 지금은 그런 사람이 사라졌다.

미분양 상가를 그대로 놔두게 되면 공급자의 부담이 커지게 되므로 마케팅 차원에서 가격 할인이 이루어지기도 한다. 미분양이었던 이유가 높은 가격인 경우라면, 가격 할인이 되는 순간 문제가 해결되어 투자자의 관심이 높아질 것이다. 그러나 가격 외의 다른 문제로 미분양이 이루어진 것이라면 가격 할인도 미분양 흐름을 바꿔놓기는 어렵다.

04

상가 투자 전에 꼭 확인해야 할 것

상가를 구매하기 전에 나를 찾아온 투자자에게 체크 사항을 알려주면 "구매 전에 알아둬야 할 것이 이렇게 많아요?" 하고 놀란다. 필수 체크 사항만 정리해서 알려준 것인데도 그렇다.

나는 단순히 상가 자체의 컨디션 외에 전반적인 흐름까지 확인하라고 강조한다. 많은 투자자가 어렵다며 한숨을 쉬는데, 꼼꼼하게 이것저것 체크할수록 상가 투자의 성공에 가까워진다는 사실은 틀림없다. 오랜 현장 경험을 바탕으로 상가 투자자가 구매 전에 알아두면 좋은 사항을 정리해보았다.

배후 세대

상가는 고객의 방문이 있어야 활성화되므로 상가 구입 전에 예상 상가 방문층을 확인해보아야 한다. 이를 위해서는 가장 먼저 지도를 챙겨야 한다. 공인중개사사무소에 있는 대형 지도가 아니더라도 지도 어플리케이션을 활용해 주변을 살펴야 한다.

이때 일차적으로 봐야 할 것은 상가 주변의 주거세대이다. 상가 인근에 대규모 주거단지가 있다면 수요층 확보에 긍정적이라 할 수 있다. 사람들은 아무래도 주거지 근처에서 소비하는 경우가 많다. 분양사무실, 상가 광고 전단지, 신문광고에서 주변 주거세대를 강조하는 것도 이런 이유 때문이다.

지도를 본 이후에는 직접 다니면서 근처의 주거세대를 눈으로 확인해야 한다. 아직 주거단지가 형성되어 있지 않은 신도시일 경우에는 향후 입주일정도 살펴봐야 한다.

그런데 근처 주거세대가 많다고 해서 무조건 상가 투자에 성공한다고 확신할 수는 없다. 공인중개사사무소나 분양사무실에서는 '5만 배후세대', '10만 배후세대'라고 광고나 브리핑을 하는데 이는 조금 과장된 경우가 많다. 어떤 상가는 거리가 수 km 떨어진 주거단지까지 배후수요로 잡기도 한다. 막상 실제로 가보면 버스나 차로 한참 이동해야 해서 거의 방문할 일이 없을 정도의 거리임에도 홍보를 위해 배후세대라고 말하는 것이다.

실제로 유효한 배후세대인지 직접 확인할 필요가 있다. 이때 '내가 이 아파트에 살고 있다면 저 상가를 이용할까?' 하고 역지사지로 판단해보면 좋다. 가능하다면 주변 주거단지에 사는 사람들을 만나 어느 상가를 이용하는지 물어볼 수도 있다.

상가 건물에 극장이 있고 근처에 아파트 단지가 많다며 홍보해서 실제로 가서 확인해본 적이 있다. 아파트 단지와 가장 가까운 상가 건물이기는 했다. 나는 주변 주거세대로 보이는 사람에게 자연스럽게 물어보며 정보를 얻었다.

"안녕하세요. 제가 여기 이사 오려고 하는데 주변 극장이 어디 있는지 알려주실 수 있으십니까?"

"아, 저는 OO역 근처에 있는 영화관에 가요. 여기 사시는 분들 대부분 거기서 보실 거예요."

"거리상으로는 OO극장이 더 가깝지 않습니까?"

"거기는 주변에 아무 것도 없고 시내에서 멀어지는데 누가 거기서 봐요? 멀티플렉스이기는 한데 상영관도 적어서 불편해요. 그리고 영화를 본 후나 전에 쇼핑도 하고 커피도 마시고 하는데 시내에 있는 것이 훨씬 낫죠. 분위기도 좋고."

"아, 감사합니다."

아파트 단지에 사는 사람의 말을 들어보니 상가 건물에 있는 극장을 방문하는 사람이 드물었다. 단순히 주변 거주세대만 살펴봤을 때는 파악하기 힘든 내용이었다.

그래서 나는 투자자들에게 인근 주거세대는 보수적으로 잡으라고 조언한다. 주거단지 거주민이 도보로 이용하기에 큰 무리가 없는 것이 확인될 때만 예상 수요층으로 설정하라고 권한다. 주변에 사는 사람들의 숫자가 많아도 그들이 상가를 방문하지 않는다면 무슨 소용이겠는가?

허수와 실제 인구를 잘 가늠하는 것이 중요하다. 지나치게 비약해서 말하자면 상가가 5,100만 명의 배후수요를 가지고 있다고 주장해도 틀린 말은 아닐 수 있다. 대한민국 국민이라면 누구나 방문할 수 있기 때문이다.

유효한 인근 주거세대의 숫자를 파악했다면 이제 실제 방문 가능 수요를 확인해야 한다. 이를 위해서는 주거단지의 구성을 어느 정도 알아야 한다. 고령층이 많은지, 중년층이 많은지, 청년층이 많은지에 따라서도 유동범위와 동선이 다르다. 중대형 아파트 세대가 많은지, 소규모 주택단지가 많은지에 따라서도 방문하는 상권의 범위가 달라진다. 일반적으로 대형 아파트 세대는 자가용을 이용해 외부 상권을 이용하는 일이 많다.

유동인구

상가 투자자에게 유동인구 파악은 상당히 중요하다. 상가 인근 유동인구를 조사하는 이유는 상가 근방 주거세대를 파악하는 이유와 비슷하다. 주거세대와 유동인구 모두 상가의 주요 수요층으로 기대해볼 만하다.

배후세대가 상가 주변 유동인구가 될 수 있지만 유동인구가 모두 배후세대가 되지는 않는다. 그러므로 실질적인 배후세대 파악과 별도로 유동인구 파악이 필요하다. 배후세대가 많고 유동인구는 적은 상권이 있는가 하면 배후세대가 적은데도 유동인구가 많은 상권이 있다.

아무래도 유동인구가 많으면 상가 활성화에 유리하므로 적은 것보다 많은 것이 좋다. 그렇지만 유동인구를 과장하는 상가 공급자가 많아서 그들이 제시하는 유동인구 수치를 백퍼센트 믿으면 안 된다. 배후세대와 마찬가지로 유동인구 현황을 직접 점검해보아야 한다.

유동인구를 파악할 때에는 배후세대를 파악할 때보다 조금 더 품이 든다. 배후세대는 상가 주변 주거세대의 상가 접근성을 확인하면 되지만, 유동인구는 상가 주변을 돌아다니는 사람이 어느 정도인지, 유동 흐름은 어떤지를 면밀히 살펴야 한다.

그렇다면 유동인구는 어떻게 파악할까? 유동인구 산출법 강의는 상가 투자자보다 예비 창업자를 상대로 더 많이 했다. 그만큼 창업자에게 중요한 이야기이기 때문이다. 창업자가 잘되어야 투자자에게도 이득이다. 임차인과 투자자는 상호협력관계이기 때문이다. 여러 차례 강조하는 '임차인의 입장에서 생각하기'를 명심해야 한다. 그럼 유동인구를 산출하는 방법을 살펴보자.

첫째, 주변 역 이용 인구 수이다. 역에는 많은 유동인구가 모이므로 역을 이용하는 사람을 참고하면 좋다. 평소 관심이 있던 지역이라면 역 주변이 붐비는지 여부를 대충 알 것이다. 예를 들어 서울에 살거나 관심이 있다면 홍대역, 강남역, 건대입구역 등에 유동인구가 많음을 아는 것처럼 말이다. 이때 공공기관에서 제공하는 역 이용 인구 수치를 참고해 본인이 예상하던 이용 인구 수와 비교해 체크하는 것도 좋다.

다만 역을 이용하는 사람이 많다고 해서 모두 주변 상가의 유동인구가 되는 것은 아니다. 우선 환승역과 같이 이용하는 사람만 많고 내려서 시간을 보내는 사람이 적은 역은 아닌지를 유의하고, 해당 상가로의 동선이 있는지 살펴야 한다.

둘째, 상가 주변 버스 정류장 수이다. 교통수단 자체가 유동인구를 늘어나게 하는 재화이다. 버스정류장 개수, 버스정류장을 통과하는 버스 개수는 의미 있는 자료이다. 다만 버스는 지하철처럼 이용 인구 수를 쉽게 알 수 없으므로 직접 확인해야 한다. 지하철과 마찬가지로 단순히 정류장 개수나 이용 인구가 많다고 유동인구가 많다고 보면 안 되고, 버스 이용객이 해당 상가 주변으로 이동하는지를 확인해야 한다.

셋째, 노점상 개수이다. 이는 상권의 힘을 분석하는 이들이 오래전부터 사용해온 방법이다. 유동인구 흐름에 따라 장소를 옮길 수 있는 노점상은 사람이 많은 곳에 자리를 잡기 마련이다. 과거에 노점상이 모인 곳 주변 상가만 투자해 재미를 본 투자자가 실제로 있었다. 다만 최근에는 민원 증가, 단속 강화, 자영업자 지원 등으로 노점상이 과거처럼 활발하지 않으니 노점상 수는 어느 정도만 참고하는 것이 좋다.

늦은 저녁이나 밤에 택시가 많이 서 있는 곳 주변 상가를 공략하는 투자자도 있다. 손님을 기다리는 택시가 줄지어 있다는 것은 그만큼 주변에 유동인구가 많다고 보는 것이다. 하지만 공신력이 있다고 할 수는 없으므로 역시 참고만 하는 것이 좋다.

넷째, 현장 주변 사람의 의견이다. 유동인구는 해당 상가 주변에 있는 사람이 제일 잘 알 것이다. 아무래도 매일같이 왔다 갔다 할 테니 그 지역 유동 흐름을 잘 알 수밖에 없다.

지역 공인중개사사무소를 방문하여 현장 정보를 먼저 접하는 게 좋다. 그렇지만 공인중개사는 아무래도 부동산 거래를 만들어내야 하는 입장이다 보니 긍정적인 부분을 강조할 확률이 높다. 가능하면 현지인에게 객관적인 의견을 구해야 한다. 부정적인 말도 가감 없이 해줄 수 있는 사람이 좋다.

분양담당자, 공인중개사에게 좋은 말만 듣다가 현지인에게 안 좋은 이야기를 들으면 당황할 수도 있다. 이미 상품에 빠져 있는 상황이면 안 좋은 말은 듣기 싫은 게 사람 심리이다. 하지만 최종 계약서에 도장을 찍기 전까지는 부정적인 이야기에도 귀를 기울여야 한다. 이해관계가 없고 지역을 잘 아는 사람의 이야기가 가장 정확하다. 다만 한 사람의 의견만 들으면 객관성이 흐려질 수 있으므로 연령대와 성별을 달리해 여러 사람의 말을 들어보자.

다섯째, 직접 현장에서 자세히 조사해봐야 한다. 앞에서 직접 현장을 조사하라고 언급했는데 또다시 언급해서 의아할 것이다. 여기서 말하는 조사는 단순한 조사가 아니라 세밀한 조사를 말한다. 앞서 말한 지하철역 이용 인구, 버스 같은 교통수단 이용 인구는 기본이고 더 나아가 유동인구의 흐름을 정밀하게 파악하라는 의미이다.

마트, 백화점같이 많은 사람이 모이는 곳에서 유동인구의 동선을 집중적으로 살펴본다. 대형 집객시설 바로 옆에 있는데도 주요 유동 동선에 위치해 있지 않아 사람 구경하기 힘든 곳도 많다. 이런 리스크를 방지하기 위해 현장을 살피되 주중, 주말, 오전, 오후를 모두 살펴야 한다. 가능하면 관심을 둔 상가나 주변 가게들을 직접 이용하면서 분위기도 파악하는 게 좋다. 점심시간이나 저녁시간에 인근 가게들을 둘러보면 예상수요를 대략 알 수 있다. 임차인이 정해져 있는 선임대 상가라면 해당 상가의 매출이 양호한지를 직접 둘러보며 알아볼 수도 있다.

주변 공인중개사사무소에 들러 상권 변화가 예상되는지, 개발사항이 있는지도 들어봐야 한다. 당장 유동인구가 많다 해도 몇 년 후 주변에 대형 상권이 생겨 유동인구가 확 줄어들 수도 있다. 상가는 몇 년 단기로 보는 상품이 아니라 길게는 10여 년을 가지고 가는 장기 상품이다.

덧붙여, 신도시 등 아직 상권 자체가 형성되어 있지 않은 곳의 상가일 때는 현재의 유동인구 파악이 큰 의미가 없다. 지금은 허허벌판일 텐데 그 상황에서 지나다니는 사람을 세어보았자 수년 후에는 맞지도 않을 것이다. 신도시 상가의 유동인구는 예측력이 요구된다.

여섯째, 전문가의 도움을 받는다. 스스로 유동인구를 파악하는 작업은 반드시 필요하다. 그런데 상권과 유동인구를 전문적으로 파악하는 업체의 도움을 받아 더 실질적인 결과를 얻는 경우도 많다. 특히 상권 변화가 예상되는 지역에서는 전문업체의 도움을 받는 게 현명한 선택일 수 있다.

인구 변동 흐름

상가 투자자는 인구 변동에 항상 안테나를 세우고 있어야 한다. 인구 변동 사항은 상가를 이용하는 수요층을 가늠하는 데 참고가 되기 때문이다. "사람이 미래다."라는 유명한 광고 카피가 있다. 나는 컨설팅이나 강의할 때 "사람이 상가 투자자의 미래다."라고 말한다. 사람들이 모여 수요층이 형성되면 임차인으로서는 영업이 유지되어서, 투자자로서는 안정적인 임대 수익을 낼 수 있어서 좋다.

통계청에서 인구현황을 꾸준히 발표하고 있는데, 참고로 현재 우리나라의 인구 수는 5,000만 명이 넘는다. 결혼이 늦어지고 출산율이 떨어지면서 앞으로 인구 수는 더 감소할 것으로 예상되며 그 속도는 세계에서 유례가 없을 정도로 빠른 편이다.

그런데 한국의 인구가 감소한다고 해서 특정 상가를 이용하는 유효 수요층이 감소한다고 볼 수는 없다. 인구를 세분화해서 살펴보는 습관을 들여야 한다. 가령 지역별 인구현황으로 분류해서 볼 수 있다. 또는 시별 인구, 동별 인구 등으로 세밀하게 나눠보는 것이다. 그렇게 투자자가 관심 있는 상가가 위치한 지역의 인구현황을 살펴 투자에 참고한다.

전체적인 인구가 감소하고 있더라도 상가가 위치한 지역의 인구가 늘어나고 있다면 상황이 나쁘다고 볼 수 없다. 지역의 개발에 따라, 정부 정책에 따라 시도별 인구유입은 달라지기 때문이다. 유입된 인구는 배후세대가 되고 유동인구이자 수요층으로 연결될 수 있기 때문이다.

또 현재 인구뿐 아니라 과거와 현재를 통한 추이를 분석해야 한다. 성별, 연령별로도 인구 확인이 가능하고 추계인구라고 해서 미래인구 숫자 변동을 조사한 표도 있다. 통계청을 통해 학령인구나 노령인구 증감에 대한 예상치도 알 수 있다. 인구현황 관련 자료는 창업자가 필수적으로 살펴보는 자료이다. 이런 자료는 투자자에게도 요긴하다.

예를 들어 학령인구와 노령인구 얘기가 뉴스에 많이 언급되는데, 학령인구는 점점 줄고 노령인구는 점점 늘어나고 있는 게 현실이다. 그런데 인기 학군이 형성되어 있는 지역은 학령인구가 유달리 많을 수 있다. 이러한 지역에서는 학원을 운영하거나 학원을 임차인으로 맞이하는 게 유리한 전략이다. 타깃을 세밀하고 정밀하게 잡고 분석하는 것은 임차인과 상가 투자자 모두에게 해당하는 말이다.

1인 가구의 증가도 눈여겨볼 대목이다. 1~2인 가구가 늘어나면서 주거상품의 경우 소형면적이 인기를 끌고 있으며 상업시설 이용 형태도 많이 달라지고 있다. 가구 형태의 변화가 향후 상가시장과 창업시장에 어떤 영향을 미칠지 생각해보면 좋다.

상가를 찾는 수요자가 전부 한국인인지에 대해서도 생각해보자. 서울 명동에 가보면 여기가 한국이 맞나 싶을 정도로 외국인이 많다. 당연한 얘기이지만, 외국인은 한국에 있는 동안 한국에 있는 점포를 이용한다. 한국 식당을 가고 한국 물건을 구입한다. 즉 외국인 증감도 눈여겨볼 필요가 있다. 특히 홍대 주변처럼 외국인의 방문이 많은 지역에서는 더욱 그렇다. 외국인 방문에 대한 자료는 공공기관 또는 공항 홈페이지 등을 통해 확인할 수 있다.

사실 인구 변동을 예측하기란 쉽지 않다. 거주이전의 자유가 있는 만큼 어디를 가서 살더라도 문제가 없는 상황에서 언제 어디로 이동할지 모르기 때문이다. 그래서 과거 흐름, 국가 정책, 통계자료를 보고 미래 변동을 조심스레 예측해보라고 하는 것이다. 다만 100% 정확한 미래 예측은 신의 영역이니 지나친 확신은 자제하자.

마지막으로 인구 변동과 관련하여 강조하고 싶은 것은 상가 투자자 입장에서 최대한 미시적이고 장기적인 관점에서 따져보라는 것이다. 전체

인구가 늘어도 내 상가 주변 인구는 줄어들 수 있고, 전체 인구가 줄어도 내 상가 주변 인구는 늘어날 수 있다. 또 지금은 내 상가 주변 인구가 없어도 나중에 인구가 늘어날 수 있고 지금 내 상가 주변 인구가 많아도 나중에 줄어들 수 있다.

금리변동 추이

100% 자기 자본으로 상가 투자를 하는 사람도 있지만 거의 대부분의 상가 투자자는 대출을 이용한다. 대출을 받으면 이자가 발생한다. 이자는 금리상황에 따라 바뀌는데, 현재는 저금리기조가 유지되고 있어서 예금금리와 대출금리가 모두 낮다. 저금리는 상가 투자에 유리한 조건이다. 예금금리가 낮아 이자가 거의 없다시피 한 예금 대신 부동산 시장으로 자금을 돌린 투자자도 많다.

나는 지금 같은 저금리 시대에 대출 없이 온전히 자기 자본으로 투자하는 것을 권하지 않는다. 큰 금액을 자기 자본으로만 융통하기도 어려울뿐더러 대출을 통한 레버리지 효과를 놓치기 때문이다.

그래도 대출 비중이 너무 높으면 위험하므로 투자금액의 약 30% 이내를 대출금으로 잡으라고 권한다. 금리변동에 따라 매월 나가는 대출이자가 크게 차이가 난다. 상가 투자자는 임차인으로부터 받은 임대료로 대출금을 납부한다. 이때 대출금리가 많이 오르면 이자를 감당하지 못할 수준이 되기도 한다. 반대로 대출금리가 낮으면 수익률이 기대치보다 높아진다.

투자 전에 금리흐름을 체크하되 금리인상이 어느 정도 이루어질 수 있다는 가정하에 보수적인 투자방식을 취하는 것을 추천한다. 예상금리를 너무 타이트하게 잡을 경우, 금리가 오르면 예상치 못한 리스크에 빠지게 된다. 금리가 현재보다 어느 정도 올라갈 수 있다는 가정하에 대출계획과 투자계획을 짜는 게 좋다. 투자 전에 자신이 감당할 수 있는 금리를 미리 설정해두고 그 금리에 가까워지면 투자금액을 줄이는 식으로 상가를 지켜야 한다.

개발사항

아파트는 해당 지역 주변 개발사항에 따라 가격이 오르고 내리는 일이 많다. 주변에 대형 마트나 새로운 전철역이 생기면 아파트 시세가 올라가고 혐오시설이 들어오면 시세가 내려간다.

상가 역시 개발사항에 민감하게 반응하는 상품이다. 특히 아직 상가가 지어지지 않은 분양상가는 개발사항 하나하나가 분양률에 큰 영향을 미친다. 지역 전체가 개발되는 신도시 예정상가의 분양사무실을 찾아가서 상가 브리핑을 들어보면 상가 주변 개발호재를 한참 설명하는 모습을 볼 수 있다. 1시간 설명 중 50분을 개발호재에 할애하는 경우도 있다.

주변 개발사항은 상가 투자자가 주로 검토하는 요소이다. 개발이 이루어지면 상가의 가치가 올라가고 실제 매출이 올라가면서 활성화와 수익

상승을 기대해볼 수 있다. 투자자 입장에서 상당히 긍정적인 흐름이다. 그래서 분양상가 공급자는 개발호재를 강조한다. 전문적 브리핑 훈련으로 무장한 상담사의 이야기를 들은 투자자는 황금빛 미래에 현혹되어 깊이 생각해보지 않고 계약하기도 한다.

투자자는 상가 현장 주변의 개발호재를 직접 점검해야 한다. 왜냐하면 개발호재가 '만년 호재'에 머무는 일이 많기 때문이다. 마치 프로 스포츠의 영원한 유망주 같은 느낌으로 다가올 수도 있다. 개발호재로 예정되어 있는 것이 지연되거나 취소되는 일이 있다. 몇 년 내에 지어진다는 테마파크는 감감무소식이고 곧 건설된다는 다리도 언제 완공될지 알 수 없다. 지하철역이 들어온다고 했는데 개통은 미루어지기만 한다. 물론 예정대로 개발이 추진되는 일도 많지만, 그렇지 않은 경우도 많다.

현장에 있으면서 개발사항이 지연되고 취소되는 경우를 적지 않게 보았다. 심지어는 선거가 끝나고 시장이나 구청장이 바뀌면서 전임자가 추진하던 개발을 보류하거나 취소하는 경우도 있었다. 10년 전부터 추진 얘기가 나오던 프로젝트가 지금도 추진 예정으로 홍보되는 지역도 있다.

개발사항을 추진하는 기업이나 공공기관 등 주체를 확인하고 실제로 개발이 진행되고 있는지 확인해보는 등 부지런히 움직여야 한다. 홈페이지에 들어가서 관보 등을 통해 확인할 수도 있고 전화를 걸거나 직접 방문해서 알아볼 수도 있다. 인근 중개업소에 들러 더 자세히 이중 삼중으로 확인하는 투자자도 있다. 개발이 원활하게 추진되지 않는 것이 확인되었다면 투자 여부를 신중히 고려해보아야 한다. 개발이 현재 정체되더라도 곧 추진될 것인지, 장기간 표류하거나 취소될지에 따라 판단도 달라질 것이다.

스스로 개발사항을 확인해보는 이유 중에는 호재가 아닌 악재를 체크하기 위함도 있다. 보통 호재는 많이 듣지만 악재는 들을 기회가 없을 것이다. 광고에서도 상담에서도 악재에 대한 언급은 자제하기 때문이다.

악재사항 판단은 전문가의 도움을 받는 게 좋다. 분양상담사 및 공인중개사는 아무래도 악재사항을 자세히 설명하고 알려주기 어렵다. 반면에 부동산 전문가는 다양한 현장과 네트워크를 구축하고 있고 한 지역이나 상품만 다루는 게 아니라 전반을 다루며 투자 실패가 적은 컨설팅을 이루어야 인정받는다. 이런 점을 감안할 때 투자자에게 보다 더 사실적인 내용 전달이 가능할 것이다.

나는 우량 상품을 안내해 감사인사를 받은 적도 많지만, 다소 전망이 불투명한 상가에 투자하기를 만류해 감사인사를 받은 적도 많다. 주로 개발호재들에 매료되거나 악재를 알지 못한 채 투자 결정을 하려던 경우였다. 미래를 정확하게 볼 수 있는 것은 아니지만 개발사항의 진행이 원활한지 냉정하게 따져보았고, 악재가 숨겨져 있지는 않은지 꼼꼼하게 따져보았기에 손해 보지 않는 투자 컨설팅이 가능했다.

05

목표수익률을 명확하게 정하고 투자하라

상가는 대표적인 수익형 부동산이다. 그렇기에 투자자는 수익률을 몹시 중시한다. 100원이라도 싼 마트를 찾아 쇼핑장소를 바꾸는 것처럼 0.1%라도 높은 수익률을 따라 투자처를 정한다. 수익률 차이가 투자자와 투자금액을 움직이는 가장 큰 요인인 것이다.

은행금리가 높지 않아서인지 상가 투자 기대수익률이 과거에 비해 그렇게 높지 않다. 예전에는 최소한 연 7~8%는 되어야 투자를 고려하는 추세였다. 리스크를 고려했을 때 연 10%는 되어야 한다고 말하는 투자자도 꽤 있었다. 실제로 과거에는 7~8%의 수익률을 가져오는 상가를 매칭시켜주는 게 그렇게 어렵지만은 않았다. 지금은 연 5%에도 눈길을 돌리는 추세이다. 노후수익과 제2수익원에 대한 관심이 증가한 때문도 있다.

하지만 투자 컨설팅을 하면서 의외로 수익률을 세밀하게 생각하지 않는 사람이 많다는 데 놀랐다. "그냥 가능한 한 수익률이 높으면 좋겠다.", "가능한 한 많이 받으면 좋겠다."라고 막연하게 이야기하는 사람이 적지 않다.

목표수익률, 기대수익률이 정확해야 투자 결정 과정도 편리하고 투자 이후 만족도도 높다. 상가 구매를 계획하고 있다면 목표수익률을 확실하게 정해놓는 것이 좋다. 당신의 상가 투자 목표수익률은 어느 정도인가? 자신의 목표수익률을 적어보는 시간을 가져보자.

목표수익률이라고 해서 그냥 마구잡이로 적으면 안 된다. 연 30%, 연 50%, 연 100% 등 높은 숫자를 생각 없이 쓰는 것은 의미가 없다. 목표를 잡을 때에는 현실성을 기반으로 해야 한다.

그러면 현실성 있는 수익률을 책정하기 위해 무엇을 기준으로 삼아야 할까? 앞서 여러 번 언급한 은행 예금금리가 우선적 참고사항이다. 매수를 위한 탐색비용과 세금, 공실 등의 리스크를 가지고 있는 상가가 예금금리보다 낮으면 의미가 없다. 예금금리보다는 높은 선에서 목표수익률을 정해야 한다. 그것도 제2금융권의 정기예금을 기준으로 해야 한다. 예금자보호법에서 정하는 기준까지 안전성을 보장받는 상황에서 제1금융권보다 제2금융권의 금리가 높기 때문에 리스크가 있는 상가 투자는 이보다 수익률을 높게 잡아야 한다.

그렇다면 예금금리보다 높으면서 적정한 목표수익률은 어떻게 잡아야 할까? 양보할 수 없는 목표수익률을 정했다면 그것이 현실성이 있는지 따져봐야 한다. 만약 현실적으로 맞지 않는 수준이고 본인도 수익률을 양보할 수 없다면 상가 투자가 이루어지기 힘들다. 그때는 상가 투자 외에 다른 투자방법을 찾는 것이 바람직하다. 수익률이 아주 높은 상가가 없는 것은 아니지만 그 경우는 굉장히 특수한 상황일 가능성이 높다.

현실적인 수익률을 따져보기 위해서는 현재 시장에서 형성되고 있는 수익률을 파악해보면 도움이 된다. 내가 바라는 수익률이 시장에서 실제로 가능한지를 본다. 다만 수익률을 실제로 알려면 장기간의 매매가와 임대료를 모두 알아야 하기 때문에 혼자서 파악하기는 쉽지 않다.

신뢰할 만한 전문가나 전문업체를 알아놓으면 좋다. 이들은 그동안의 경력을 바탕으로 분양시세, 매매시세, 임대시세를 통해 예상수익률을 근사치로 적정 수익률을 산출해낸다. 전문가에게 맡기는 게 시간을 절약하면서 현실성 있는 예상수익률을 구하는 방법이다. 분양가, 보증금, 임대료 등의 정보를 제공하는 플랫폼이나 어플리케이션을 활용하는 것도 좋다. 다만 적정 수익률은 상대적인 사항이지 누구에게나 적용되는 절대적인 사항은 아니다. 수익률 산출식은 다음과 같다.

$$\text{연수익률(\%)} = \frac{\text{월임대료} \times \text{12개월} - \text{1년 대출이자}}{\text{매매금액} - \text{대출금액} - \text{임대보증금}} \times 100$$

수익률을 높이려면 분모를 낮추거나 분자를 높이면 된다. 분자를 높이려면 임대료를 많이 받을수록 유리하고 대출이자도 영향을 준다. 분모를 낮추려면 매수금액이 낮고 대출금액이 크고 임대보증금이 높으면 된다. 수익률을 높이고자 한다면 이 수식을 잘 따져봐야 하는데 결국은 임대료가 높고 매수금액이 낮은 것, 적절하게 대출금을 활용하는 것이 중요함을 알 수 있다.

당연한 얘기이겠지만 상가 주인들은 '분양가는 낮게, 임대료는 가능한 한 높은 수준으로, 보증금은 높이기'를 원한다. 여기서 다시 확인 가능한 대목이 대출금 부분이다. 대출금액이 높아질수록 분모가 낮아져 수익률이 높아진다. 이 때문에 공격적인 성향의 투자전문가나 분양상담사, 공인중개사 중에는 대출을 최대한 당겨서 투자에 나서라고 조언하는 사람도 있다. 대출을 많이 받아야 당장의 투자금액에 대한 부담이 줄어들고 수익률을 높이는 데 유리하다는 것이다. 실제로 이렇게 해서 최소의 투자금액으로 최대의 수익률을 거둔 사례가 있기는 하다. 그러나 나는 앞서 말한 것처럼 대출금액을 보수적으로 유지하라고 권하고 있다.

당장의 수익률만을 바라보고 높은 대출을 활용했다가 상가 투자 실패는 물론 전 재산을 날리는 경우도 보았다. 그렇기 때문에 더더욱 높은 대출 활용을 만류하고 있다. 상가 총금액의 50% 이상의 대출은 모든 조건이 확실한 상황일 때만 해야 한다.

표 〈대출비율에 따른 상가 투자 수익률 비교〉는 같은 매매금액에 대한 대출비율 차이에 따른 수익률을 보여준다. 다른 조건이 동등하다고 가정하고 매매금액의 30% 대출했을 때와 50% 대출했을 때를 보면 연수익률이 1.5% 정도 차이 나기 때문에 대출을 높이려는 것은 충분히 이해가 간다. 거기에 실투자금액도 4억 3,800만 원(30% 대출)과 2억 9,000만 원(50% 대출)으로 큰 차이가 발생한다. 그렇지만 연대출이자를 3.75%로 잡았을 때 연 500만 원 이상 차이가 난다. 2년이 되면 이자금액만 1,000만

대출비율에 따른 상가 투자 수익률 비교

구분	A(30% 대출)	B(50% 대출)
매매금액	7억 4,000만 원	7억 4,000만 원
임대보증금	8,000만 원	8,000만 원
월 임대료	330만 원	330만 원
실투자금액	4억 3,800만 원	2억 9,000만 원
대출금액	2억 2,200만 원	3억 7,000만 원
연대출이자(연 3.75%)	832만 5,000원	1,387만 5,000원
연수익률	7.14%	8.87%

출처 : 상가의신

원이 발생한다.

매매금액이 7억 4,000만 원인 상가에 임대보증금 8,000만 원, 월임대료 330만 원인 상가가 있다. 대출을 30% 활용하게 되면 총매매금 7억 4,000만 원에서 대출금 2억 2,200만 원과 임대보증금 8,000만 원을 제하면 4억 3,800만 원이 되고 이는 수익률 공식에서 분모가 된다. 수익률 공식에서 분자는 월임대료(330만 원)에 12개월을 곱한 금액에서 연 대출이자 832만 5,000원을 제한 금액이다. 이후 분자에서 분모를 나눈 후 100을 곱하면 연수익률은 약 7.14%가 된다. 표에서 오른쪽의 50% 대출은 역시 해당 금액을 집어넣으면 수익률이 산출된다.

투자자가 할 일은 대출금리를 확인하고 임대보증금과 월임대료 수준이 맞는지 체크하는 것이다. 여기까지 하면 수익률이 자신이 원하는 수익률과 맞는지 확인할 수 있다.

그러면 이 공식에 상가 관련 투자금액이 다 들어가 있는 것일까? 이 금액만 보고서 수익률이라 믿고 투자할 수 있을까? 여기에 포함되지 않은 금액이 있다. 분양상가가 아닌 경우에는 중개수수료가 들어간다. 중개수수료는 1회성 지급이기는 하지만 상가 금액이 큰 만큼 수수료도 커진다. 그 밖에 취등록세(4.6%)도 감안해야 한다. 취득세도 부동산 중개수수료와 마찬가지로 1회성이기는 해도 상가의 매수가가 높을수록 금액이 커진다. 중개수수료와 취등록세로 인해 수익률 변화가 있을 수 있다.

또 한 가지 중요한 것은 대출이자이다. 대출이자는 고정된 금액이 아니기 때문에 변동을 잘 체크해야 한다. 대출을 활용했을 때 대출금리가 떨어진다면 수익률이 높아지겠지만 대출금리가 상승한다면 수익률이 하락하게 된다. 나는 이 금리가 상가 투자자 수익률에서 복병이라고 표현하는데, 현재의 저금리 기조가 계속 이어진다면 큰 무리가 없겠으나 금리가 인상된다면 자칫 치명적인 피해로 이어질 수 있다.

재산세 등 세금과 관리비도 부담 요소이다. 재산세는 매년 발생하며 상가로 인해 임대소득이 발생하면 종합소득세도 지급해야 한다. 세금도 금리와 마찬가지로 고정된 금액이 아니고 변동성이 있다. 세금은 건물 및 상가의 가치에 따라, 세금 관련 제도에 따라 금액이 바뀐다. 세금은 추세라는 것이 있지만 정확한 숫자를 예측하기는 어렵다. 아파트와 같은 주택도 그렇고 수익형 부동산도 그렇고 공시지가의 현실화 등으로 세금이 오르는 분위기를 보이고 있다. 이런 추세는 감안할 필요가 있다.

공실 시 발생하는 관리비 역시 무시할 수 없다. 공실이 생기면 상가주인이 관리비를 고스란히 부담해야 한다. 원룸과 같은 주택과 마찬가지 원리이다. 관리비도 단기간이라면 큰 문제가 없을 수 있지만 기간이 길어지면 부담이 된다. 이렇듯 겉으로 잘 보이지 않으면서 수익률에 영향을 주는 비용들을 잘 따지면서 수익률을 확인해야 한다.

3장

상가 투자 알짜 정보에 접근하는 법

01

눈에 띄는 상가부터 파고든다

상가 투자에 관심이 있는데 도대체 어디서부터 알아봐야 하는지 모르겠다는 사람이 의외로 많다. 괜찮은 상가를 도대체 어디서 찾아야 하느냐는 것이다. 나처럼 상업용 부동산 업계에 종사하는 사람들이야 수익형 상가 정보가 워낙 많다 보니 그중 우량한 상가를 선택하는 것부터 고민하는데, 일반 수요자는 고민의 출발점부터 다르다는 데 놀랐다.

이전에 상가 투자 책을 낸 이후에도 투자자들로부터 문의를 많이 받았는데 대개 "상가 정보를 어디서 찾느냐?"라는 질문이었다. 그래서 이번에는 상가 정보를 어떻게 구하는지부터 상세하게 다루기로 했다. 실제 투자자의 관점에서 바라보고자 했고 투자자에게 자문을 구하기도 하면서 투자자가 상가 투자 정보를 얻는 데 도움이 되도록 신경 썼다.

다만 상가는 공급처에 따라 분양사무실에서 파는 분양상가, 부동산 중개사무소에서 파는 매매상가, 법원에서 구할 수 있는 경매상가로 나눌 수 있는데 여기서는 경매상가는 다루지 않는다. 이 부분은 경매를 통한 부동산 구매 관련 서적을 참고하면 좋을 것이다.

뭐든지 관심을 갖게 되면 안 보이던 것도 눈에 보이기 마련이다. 바둑을 배워서 재미를 붙이면 세상이 바둑판으로 보이고, 당구에 재미를 붙이면 세상이 당구대로 보이는 것처럼 말이다. 상가에 관심을 두면 어떤 길을 걷든 상가가 우선적으로 눈에 보이는 순간이 온다. 길을 걷다가 전봇대에 붙은 상가매매 관련 벽보에 발걸음을 멈추게 되고, 지하철이나 버스를 타고 가다가 상가매매 및 임대현수막이 보이면 휴대폰 카메라로 찍게 된다. 그제야 '주변에 정말 많은 상가 정보가 있는데 내가 잘 모르고 지나쳤구나.' 하는 생각이 들 것이다. 우선 주변에서 쉽게 볼 수 있는 상가 정보부터 이야기해보겠다.

신문광고

종이신문을 보는 사람이 줄어들고 있다지만 아직도 많은 신문사가 있다. 종합일간지와 경제지를 중심으로 종이신문을 사서 광고면을 한 번 살펴보기 바란다. 매일 지면으로 신문을 발행한다는 것은 어느 정도 영향력과 규모를 갖춘 신문사라는 의미이고, 이런 신문사에는 많은 광고가 들어간다.

신문에 실린 광고

요즘은 특히 부동산 관련 광고가 많다. 언젠가 한 번 신문 1면부터 뒷면을 쭉 살펴보니 전면광고 10여 개가 전부 부동산 광고인 날도 있었다. 그만큼 신문광고를 통해 수요자에게 알리려는 현장이 많고, 광고를 통해 부동산 상품을 접하는 수요자가 있다는 의미이다.

일간신문에 광고를 실은 부동산 현장에 물어보니 유명 신문사에 전면광고를 내면 적지 않게 연락이 온다고 한다. 내가 진행하는 현장에서도 신문광고를 한 적이 여러 번 있는데, 현장이 일간신문 전면광고로 나간 날에는 30통 이상의 전화가 왔다. 그다음 날까지 합치면 총 40통 이상의 문의가 접수되었다.

투자자는 이 광고를 통해 상가의 이름, 상가가 위치한 지역, 상가의 장점, 분양홍보관 위치 및 전화번호 등의 정보를 얻을 수 있다. 참고로 전면으로 광고가 나가는 현장은 분양사무실에서 분양 중인 상가일 가능성이 높다. 신문에는 전면광고뿐 아니라 매물광고라고 해서 조금 사이즈가 작은 광고가 실리는데 이는 매물광고일 확률이 크다. 분양광고와 매물광고의 구분이 아주 중요한 것은 아니므로 이에 대한 추가 설명은 생략한다.

유명 일간지에 반복적으로 신문광고를 내면 해당 상가의 인지도가 높아진다. 그렇지만 광고를 많이 하는 곳이 꼭 좋은 상가라는 보장은 없다. 홍보비용을 어느 정도 갖춘 현장일 가능성이 높지만 그렇다고 해서 상가가 우량함을 증명하는 보증수표가 될 수는 없다.

과거에 테마 상가가 유행할 때 매일 유명 일간지는 테마 상가 전면광고로 도배되다시피 했다. 수년 뒤 테마 상가들이 사회적 문제를 일으켰고 많은 피해자를 양산했다. 신문에 광고가 실린 상가라고 해서 확신을 가지는 것은 곤란하다. 오히려 광고 투자를 많이 하는 상가만 알게 되는 부작용이 생길 수 있다.

광고를 통해 상가 정보를 얻을 때 유념해야 할 또 다른 사항이 있다. 광고는 기본적으로 홍보이기 때문에 단점은 거의 언급하지 않고 장점 위주로 나열한다는 사실이다. 돈을 내고 광고하는 것이기 때문에 어쩔 수 없는 부분이다. 장점만 접하게 되면 해당 상가에 대해 무의식적으로 긍정적인 시선을 갖게 되어 객관적 시각으로 접하기 힘들어진다.

광고를 통해 해당 상가에 관심이 생겼다면 신문광고에 실린 내용을 숙지하되 객관적으로 파악하려는 노력을 해야 한다. 광고에 있는 전화번호로 전화를 걸거나 현장을 방문해 상가와 관련된 자세한 설명을 들어야 한다. 이때 일부러 꼬투리를 잡으려는 자세로 듣는 것은 의미 없고 최대한 객관적인 자세에서 듣고 스스로 판단하는 게 좋다.

온라인 광고

인터넷은 상가 분양과 매매에 많은 변화를 가져왔다. 특히 부동산 광고에서 온라인 상품의 도입이 많아졌다. 하루 중에 신문을 보는 시간과 온라인에 접속해 있는 시간 중 어느 것이 더 많을까?

약 10년 전만 해도 지하철에서 신문을 펼쳐보는 사람이 많았다. 지하철 선반에는 다 읽은 신문지들이 놓여 있고 무가지는 경쟁적으로 회수되었다. 지금은 찾아보기 힘든 잊힌 풍경이다. 요즘은 지하철 안에서 신문을 보는 사람은 극히 드물고 대부분 휴대폰을 들여다보고 있다.

휴대폰으로 손쉽게 인터넷 접속이 가능해지면서 온라인 광고에 투자하는 상가 현장도 많아졌다. 나는 분양 현장의 홍보 마케팅과 컨설팅을 오래전부터 해왔는데 광고 비중이 과거와 많이 달라졌다. 과거에는 신문광고에 많은 비용을 투자했는데 최근에는 온라인 광고 비중이 높아졌다. 신문사 홈페이지에 배너 형태로 들어간 상가 광고, 포털사이트에 기재된 광고 등이 서서히 대세로 자리 잡아가고 있다.

그래서인지 화려한 디자인으로 구성된 홈페이지로 눈길을 끄는 상가 현장도 많이 생겨났다. 홈페이지는 현장 관련 정보는 물론 면적 정보 등이 담겨 있다. 홈페이지가 아니더라도 블로그, 카페, SNS 등에 상가 정보가 있기도 하다.

인터넷이 이제 젊은 층의 전유물이 아니라는 점에서 앞으로도 온라인을 통한 광고는 계속될 것이다. 온라인 상품은 신문광고에 비해 광고비용이 싼 편이라 신문광고에서는 보지 못한 또 다른 상가현장의 광고를

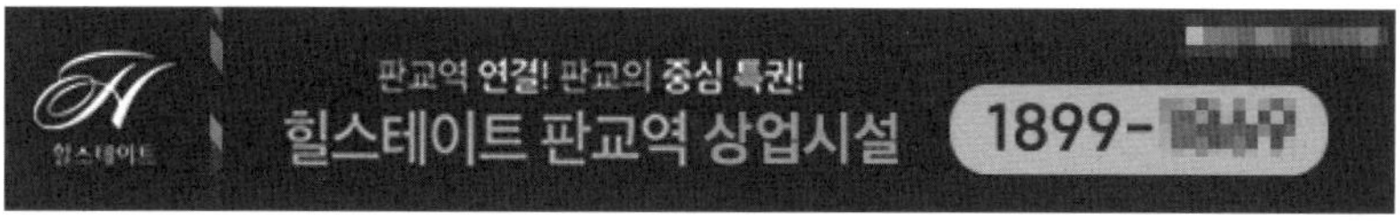

배너광고

만나볼 가능성이 높다. 관심이 있으면 부동산 관련 정보가 모여 있는 카페를 방문해 상가 정보를 체크하는 것도 좋다. 온라인 광고로 정보를 얻을 때에도 광고에서 제시하는 장점에만 혹하기보다 객관적으로 접근하고 판단하려는 자세를 갖는 것이 중요하다.

오프라인 광고

지하철 역사 광고, 지하철 내부 광고, 버스 내부 광고, 버스 래핑 광고, 버스 셸터 광고, 현수막 광고, 전단광고 등 오프라인 광고로 상가 정보를 접하는 경우도 많다.

버스 내부 광고는 버스 안에 부착해 버스 승객에게 노출하는 것이고, 버스 래핑 광고는 버스 외부에 장식해 버스 노선을 지나는 사람들에게 노출하는 것이다.

오프라인 광고는 대체로 상가 현장에서 그렇게 멀지 않은 곳을 타깃으로 잡아 실시된다. 오프라인 광고의 특성상 홍보비용의 제한 등으로 전 지역을 상대로 하기보다 타깃 지역을 선정하여 집중 홍보하기 때문이다. 이는 전국을 대상으로 하는 신문광고나 온라인 광고와 다른 점이다.

오프라인 광고 역시 다른 광고와 마찬가지로 그냥 받아들이지 말고 스스로 이런저런 연구를 해보고 현장을 방문해 상담을 받아보는 게 좋다.

분양홍보관

상가 분양홍보관은 대체로 유동인구가 많은 역 주변에 자리 잡고 있다. 지나가다가 우연히 분양사무실 외관을 보고 공급된 상가를 알게 되기도 한다. 영업사원들이 홍보관 안에서만 기다리는 것이 아니고 밖으로 나와서 지나가는 사람들에게 설명을 들어보라고 권유하는 경우도 있기 때문에 그 근방에 있는 사람에게 전방위적으로 홍보되는 사례가 많다.

실제 상가 분양업을 하는 관계자들의 이야기를 들어보면 지나가다가 분양홍보관을 보고 들어오거나 분양홍보관 영업사원의 권유로 따라 들어와서 상담하는 경우가 꽤 된다고 한다. 분양홍보관은 상가와 관련된 모형도, 현장 주변 광역지도, 기타 상품 소개 자료 등이 준비되어 있어 차 한잔하면서 상품에 관한 설명을 듣기 좋도록 꾸며져 있다.

근처에 상가 분양홍보관이 있다면 한 번쯤 상가 설명을 들어보는 것도 나쁘지 않다. 다만 분양 영업사원의 현란한 말솜씨에 넘어가 그날 바로 계약서를 작성하고 나오는 수가 있는데, 부동산은 한 번 계약하면 해약이 쉽지 않기 때문에 성급하게 계약하지 않도록 주의해야 한다. 영업사원은 계약을 성사시키는 데 능력자들이기 때문에 자신도 모르는 사이에 신분증을 내놓고 계약하는 일이 생겨버리기도 한다.

분양홍보관

전화 영업

1인 1휴대폰 시대가 되면서 전화 영업자들의 DB도 일반전화가 아닌 휴대전화로 업데이트되어 있다. 가끔씩 상가를 홍보하는 내용의 전화가 걸려올 수 있는데, 상가에 관심이 없다면 그대로 끊어버리겠지만 조금이라도 관심이 있으면 그 내용을 들어보게 될 것이다. 마치 보험상품에 관심을 가지고 있는 상황에서 보험 관련 전화가 걸려오면 그 내용을 자세히 듣고 상담까지 받게 되는 상황과 유사하다.

전화상으로는 실제 계약이 이루어질 수 없으므로 관심이 있다면 설명을 듣고 궁금한 사항을 자세히 물어보는 게 좋다. 조금 더 알아보고 싶은 마음이 생기면 해당 분양사무실이나 공인중개사사무소를 찾아가보는 게 바람직하다.

뉴스 기사

상가 투자를 하려는 이들 중에는 신문을 열심히 읽는 사람이 많다. 특히 경제, 재테크, 부동산 면을 꼼꼼히 본다. 관심을 가지고 있는 사람 눈에 해당 내용이 더 많이 보이는 것은 어떻게 보면 당연한 일이다. 상가 정보는 신문광고뿐 아니라 기사 면에도 담겨 있다. 특히 경제 부동산 면이나 부동산 특집 면에 매물 정보를 비롯한 분양 정보가 반영된다. 기사 면에 공급 중인 상가의 내용이 기사 형태로 기재되는 일이 많다.

기사는 광고와 차이가 있다. 광고는 광고주가 작성한 내용을 신문사에서 광고 면에 실어주는 것이지만 기사는 기자가 조사한 내용을 기사 면에 싣는 것이다. 상가와 관련된 전문가가 현장을 소개하는 일도 있다. 기자나 전문가는 특정 현장을 광고하는 입장이 아니어서 보다 객관적인 시각에서 현장을 소개하게 된다. 나 역시 상가 전문가로서 유명 신문사에 상가 현장을 꾸준히 소개하고 있다. 새로운 현장의 매력을 소개하는 것에 중점을 두고 있기는 하지만 상가 투자 시 살펴보면 좋은 부분에 대해서 언급하는 편이다.

참고로 기사 작성은 육하원칙을 기본으로 하고 있기 때문에 광고보다 객관적인 전달이 가능해진다. 또 광고와 달리 기사에는 연락처 노출이

CGV 영화관 품은 상가, 인근엔 터미널·아파트촌

이번주 알짜 분양

포천CGV 시네파크

경기 포천시 소흘읍 송우리에 내년 2월 준공 예정인 '포천CGV 시네파크' 상가의 완공 후 예상 모습.

경기 포천시에 CGV 영화관이 있는 상가 '포천CGV 시네파크'가 분양 중이다. 경기도 포천시 소흘읍 송우리 110-3번지 외 10필지에 조성되는 '포천CGV 시네파크'는 지하 1층~지상5층 규모로 4층과 5층에 CGV 영화관5개 관이 입점한다. 이는 포천시 첫 CGV 영화관이다. 영화관이 있는 층을 제외한 지상 1~3층에는 상가 46개가 들어서며 현재 이 점포들이 선착순 수의계약형태로 분양중이다. 준공은 내년 2월 예정이다. 분양 업체 관계자는 "영화관에 온 손님들을 흡수할 수 있는 프랜차이즈 위주의 업종으로 채울 예정"이라고 말했다.

건물 주변은 약 7000가구 규모 대형 아파트 단지로 둘러싸여 배후 수요가 풍부하다. 여기에 더해 2018년 12월 국토교통부가 송우리·초가팔리·이가팔리·이동교리 일대 38만4197㎡를 인구 1만2895명, 5040가구 규모 '포천 송우2 공공지원 민간임대주택 공급 촉진지구'로 지정해 2023년까지 아파트가 대거 공급될 예정이다.

대중교통 시설로는 송우리 시외버스터미널이 상가로부터 걸어서 5분 거리에 있다. 또한 2019년 국가균형프로젝트의 일환으로 도봉산·의정부·장암까지 운행하던 지하철 7호선을 대진대·포천시청까지 확장하는 사업이 추진 중이다. 이 사업은 예비타당성 조사가 면제돼 추진 속도가 빨라질 전망이다. 용정 산업단지에 7호선이 연장될 경우 옥정지구·고읍지구를 지나 의정부와 도봉산 등으로 바로 연결된다. 현재 강남까지 2시간 30분가량 걸리지만, 철도가 연장되면 이 시간이 1시간 10분 정도로 단축된다. 도로망도 다양하다. 최근 완공한 구리~포천 고속도로를 비롯해 포천~화도 고속도로와 파주~포천 고속도로(2023년 개통 예정) 및 화동~양평(2020년 개통 예정) 노선 등을 이용할 수 있다. 43번 국도를 이용한 송우~의정부~도봉산역 구간에 간선(BRT) 급행 버스가 개통될 예정이어서 동북부 접근성이 개선될 전망이다.

권강수 상가의신 대표는 "건물 내 유명 영화관이 있고 주변에 대규모 아파트 단지와 시외버스터미널 등이 있어 완공 후 상가를 찾는 수요자들이 늘어날 것으로 예상된다"며 "투자자라면 영화관 방문객들이 쉽게 들어올 수 있을 만한 동선이 확보되고, 이들을 흡수할 만한 업종으로 점포를 구성하는지 확인하는 것이 좋다"고 했다.

분양 홍보관은 '포천CGV 시네파크'가 들어서는 자리인 경기도 포천시 소흘읍 송우리 110-3번지에 있다. 사전예약 후 방문하면 전문 상담사의 자세한 안내를 받을 수 있다. 1668-0200

김리영 땅집고 기자

포천CGV시네파크 상가 개요

위치	경기도 포천시 소흘읍 송우리 110-3번지 외 10필지		
대지면적	3005㎡	건축면적	1490㎡
연면적	8539㎡		
규모	지하 1층: 주차장, 1~3층: 상가 4~5층: CGV영화관		
홍보관	경기도 포천시 소흘읍 송우리 110-3번지		
문의	1668-0200		

기사 형태 분양 정보

어렵다. 광고는 해당 현장에 관심이 생기면 바로 광고에 있는 전화번호로 연락을 취할 수 있지만 기사는 그러기 어렵다. 기사에서 관심 있는 현장을 알게 되었다면 신문사 기자에게 연락하거나 인터넷 검색을 통해 현장 정보를 얻어야 한다.

최근 현장 관계자들의 이야기를 들어보면 신문기사를 통해 상가 정보를 접하고 분양홍보관을 방문하는 사람이 늘어나고 있다고 한다. 아무래도 기사 형태가 주는 신뢰감 때문이 아닌가 싶다. 그런데 신문기사로 나온 상가라고 해도 해당 신문사가 그 상가를 검증한 게 아니라는 점은 유의해야 한다. 한마디로 신문사가 상가를 책임지는 것이 아니며 투자 책임은 본인에게 있다는 것이다. 해당 상가의 우량성, 안전성, 수익성 등은 스스로 확인해야 한다.

TV 광고

상가현장 광고를 공중파에서 보기는 어렵지만 케이블 방송 등에서는 심심찮게 볼 수 있다. 특히 경제 관련 케이블 채널 중 부동산 프로그램에서 상가 소개를 하는 경우가 종종 있다. 상가 투자에 관심을 두고 있다면 이들 프로그램을 통해 상가 정보를 접하는 것이 그렇게 어렵지 않다. 신문이나 광고와 다른 점은 움직이는 동영상과 관계자 및 전문가의 멘트가 어우러져 입체감이 보다 강하게 느껴진다는 점이다.

지인 소개

사람은 관계의 동물이며 대체로 비슷한 사람들끼리 모여서 활동한다. 상가 투자에서도 이런 특성이 반영된 움직임이 빈번하게 일어난다. 가족, 친구, 지인이 상가 투자를 결행하면 같이 따라 하는 경우가 적지 않다. 이런 경우가 드물 것이라 생각할 수도 있지만 현장에서 봤을 때 전체 계약 중에 소개로 인한 계약이 의외로 성사 확률이 높은 편이다. 먼저 계약을 하고 소개한 고객에게 골드바 등 선물을 주는 것도 영향이 있지만 사람들이 주변 사람들의 행위에 많은 영향을 받기 때문도 있다.

주변 사람이 상가에 투자하는 것을 지켜보면서 상가에 관심을 가지게 된 사람이 많다. 지인이 상가 투자를 결행했다면 상가에 대해 보다 편하게 자세한 설명과 의견을 구할 수 있기 때문이다. 그렇지만 뚜렷한 계획이나 목적 없이 지인이 하니까 나도 한다는 식으로 접근하면 매우 곤란하다.

플랫폼

플랫폼(platform)은 공급자와 수요자를 연결하는 공간을 의미하는데, 대개 인터넷 환경을 이용한 경우를 지칭한다. 원룸이나 주거형 부동산은 플랫폼이 많이 구축되어 있으며 많은 사람이 이용하고 있다. 상가 쪽에도 공급된 상가의 정보가 반영된 홈페이지가 몇 군데 있다. 이들 홈페이지를 방문하면 분양 중인 상가들의 내용과 연락처 등을 알 수 있다. 어떻게 보면 한 군데에서 여러 곳의 상가현장 정보를 얻을 수 있는 장소이기도 하다. 홈페이지는 분양상가 정보가 모여 있는 곳, 미분양상가 정보가 모여 있는 곳, 할인상가 정보가 모여 있는 곳 등 형태가 다양하다.

최근에는 모바일 환경에 맞는 어플리케이션도 공급되어 있다. 이동 중에도 모바일로 간편하게 확인할 수 있다는 점에서 앞으로 많은 활용이 예상되는 플랫폼이다. '상가의신'도 모바일 환경에 적합한 양방향 실시간 플랫폼이다.

'상가의신'에서는 분양 중인 상가와 매매 중인 상가의 정보를 담아 수요자에게 제공하고 있다. 사용자는 '상가의신' 홈페이지를 접속하거나 '상가의신' 어플리케이션을 다운로드받아서 지역별, 유형별 등으로 상가 정보를 확인할 수 있다. 현재 분양 중인 수백 개의 상가 현장이 등록되어 있으며 앞으로 계속 분양 정보를 늘려나갈 것이다.

'상가의신'이 다른 플랫폼과 차별화되는 점으로 호실별 분양가를 제공하고 선임대 상가 정보를 제시한다는 점을 들 수 있다. 호실별 분양가 제공은 말 그대로 상가의 호실별로 가격을 공개하는 것이다. 자기가 사고자 하는 물건의 가격이 호실별로 오픈된다는 게 대단한 일인가 싶겠지만 분양상가 현장에서는 호실별 가격이 수요자들에게 공개되는 것이 드문 일에 속한다. 실제로 상가분양 홈페이지에 들어가보면 층별 상가의 평균가, 최저가, 최고가 등을 공개해도 호실별 면적이나 가격을 세세히 공개하는 곳은 드물다.

시행사와 분양전문마케팅사 등 공급자가 가격 정보를 독점하고 매매 전략을 유리하게 취하는 데 활용하는 경우도 있고, 관심을 가진 고객들을 분양홍보관이나 현장으로 유도하기 위해 중요한 가격 정보는 오픈하지 않는 곳도 있다. 게다가 일일이 가격을 입력해야 하는 번거로움이 있고 종종 변하는 가격 정보를 반영하는 게 쉽지 않기도 하다.

'상가의신'에서 호실별 분양 정보를 제공한 후 많은 수요자로부터 높은 호응을 얻고 있다. 생활용품 하나를 살 때에도 가장 먼저 보는 것이 가격이다. 가격 비교 사이트까지 존재한다. 그런데 분양상가는 기본적인 가격조차 제공되지 않았으니 수요자들의 불편함이 그간 상당했다. 그동안 투자자들한테 들었던 대표적인 불만사항이 바로 가격 정보를 알 수 없다는 내용이라서 나는 '상가의신'에 이 서비스를 적극적으로 도입했다.

홈페이지나 어플리케이션 같은 플랫폼 중 자신에게 맞는 곳을 골라 활용하면 좋다. 게재된 내용은 엇비슷하더라도 디자인이나 기능 면에서 자신에게 맞는 플랫폼이 있을 것이다. 플랫폼에 익숙해지면 원하는 상가의 공급정보를 빠르고 정확하게 파악하는 데 유리하다. 그래도 최종 판단과 결정은 본인이 하는 것이니 상가 내용을 꼼꼼히 검증하도록 하자.

이제 상가 정보를 주변에서 쉽게 얻을 수 있다는 걸 알게 되었을 것이다. 어떤 방식으로 상가 정보를 구하든 따질 건 다 따지고 심사숙고해서 투자를 결정하기 바란다. 성급한 판단과 결정은 자칫 긴 후회로 남을 수 있다. 상가를 접한 후 투자 전까지는 보다 더 깊이 판단하고 공부하는 시간이 필요하다.

02

조금 더 품을 들여 깊이 파고든다

지금까지는 상가에 관심을 둔 상황에서 비교적 큰 노력을 들이지 않고 상가 정보를 얻었다면 이제는 성공 투자로 연결하기 위해 노력을 들여야 하는 단계이다. 여러 상가 중 선별한 상가를 깊숙이 파고들어 최종 결정하는 과정이라고 보면 좋다.

전화 문의

여기서 전화는 투자자가 거는 전화를 말한다. 광고나 기사 등으로 알게 된 상가 공급자의 번호로 전화를 걸어 자세한 정보를 묻는 것이다. 걸려오는 전화를 싫어하는 공급자는 아무도 없으니 아주 친절한 응대를 받으며 정보를 구할 수 있을 것이다.

전화를 걸 때에는 알고 싶은 정보를 메모하고 적을 준비를 한 후에 하는 게 좋다. 통화 목적이 확실하면 담당 영업사원의 언변에 휘말려 자신도 모르는 방향으로 흘러갈 일도 없다. 전화로 원하는 정보를 얻어냈다면 분양홍보관이나 현장을 방문해 추가로 설명을 들을 것인지, 다른 상가로 관심을 옮길 것인지 판단하면 된다.

그런데 대부분의 공급자는 궁금한 것을 바로 알려주기보다 분양홍보관 방문을 유도한다. 분양을 하려는 분양상담사나 매매를 하려는 공인중개사나 일단 현장에 고객이 와야 계약 성사 가능성이 높다는 걸 알기 때문이다. 대부분은 이들의 화려한 방문 유도 화법에 넘어가 자기도 모르게 방문 약속을 잡는 일이 많다. 물론 상가 투자자가 분양홍보관이나 공인중개업소를 방문하는 것이 나쁜 것은 아니지만 효율적인 시간 활용 측면에서는 조금 생각해볼 필요가 있다. 만약 본인이 희망하는 정보를 전화상으로 알려주지 않는다면 분양홍보관이나 공인중개사사무소를 방문할지, 관심을 접을지를 잘 판단해야 한다.

분양 영업사원이나 중개업소가 하는 말은 약간 비판적인 관점에서 듣고 판단할 필요가 있다. 용이한 판매를 위해 나름의 판매 전략을 취하기 때문이다. 특히 중개업소 중에는 매수자의 전화에는 상품이 인기가 많아 가격을 더 줘야 한다는 식으로 분위기를 형성하고, 반대로 매도자의 전화에는 지금 수요자가 없어 가격을 더 낮춰야 한다는 식으로 분위기를 형성하기도 한다. 그래서 "매수자가 보다 정확한 정보를 얻고 싶다면 매도자인 것처럼 전화를 하라."라고 조언하는 전문가도 있다. 실제 현장에서 이런 경우가 없다고 단언하기는 어려우므로 이런 방법을 써서 가격을 다시 한 번 확인하는 것도 좋다.

투자설명회

상가 투자자들을 대상으로 한 설명회가 서울 주요 지역에서 비정기적으로 열린다. 투자설명회는 보통 2~3시간 진행되며 여름과 겨울처럼 외부 이동이 불편한 시기보다 봄이나 가을에 개최된다.

설명회에 따라 다르겠지만, 대개 상가 전문가 또는 유명 부동산 전문가가 부동산시장 관련 강의를 진행하는 형태이다. 얼굴이 알려진 강사들

투자설명회

이라 고정팬이 강연장을 가득 채우기도 한다. 나도 상가나 수익형 부동산과 관련해서 강연을 다수 진행해본 바 있는데, 강의를 듣기 위해 회사에 휴가를 내고 오는 사람, 멀리 지방에서 올라오는 사람도 있었다.

상업용 부동산 전반에 대한 이야기는 시장 상황을 파악하는 데 어느 정도 도움이 된다. 나도 강의가 잡히면 최신 뉴스를 정리하고 수차례 원고와 자료를 수정하며 강의안을 만든다. 다른 강사들도 마찬가지일 것이다. 먼 거리를 이동해 소중한 시간을 투자한 만큼의 가치가 있을지에 대해서는 스스로 잘 판단해야겠지만 투자자에게 도움이 되는 정보를 얻을 가능성이 높다고 본다.

1시간 이내의 강연을 한 후 나머지 시간은 현장 담당자 몇 명이 나와 해당 상품을 소개하는 게 보통이다. 투자자는 강연을 듣고 이어서 현장 소개를 듣게 되므로 자연스럽게 집중도가 높아진다. 그리고 몇몇 추가적 관심을 보이는 투자자들은 소개시간이 끝나고 개별 상담을 하거나 함께 현장 방문을 한다. 상가 상품 소개를 담당자에게 직접 듣는 데다 혼자가 아닌 여러 사람이 함께 듣기 때문에 부담이 없다. 분양상담사에게 일대일로 브리핑을 받게 되면 맨투맨으로 집중력은 강해지지만 상가 특성을 잘 모르는 상황에서는 아무래도 다소 부담이 있다. 그러다 보니 상가 투자설명회가 열린다고 하면 지역을 가리지 않고 자리를 채우는 경우가 많다.

다만 설명회에 등장하는 상가들은 주최측과 마케팅 계약을 체결한 경우가 있으니 이를 감안할 필요가 있다. 전문가의 검증을 통해 우수한 상가가 엄선되어 나오는 설명회도 있지만, 비용을 지불한 현장에서 자기 상품을 홍보하는 장으로 활용하는 일도 있다.

분양홍보관·
공인중개사사무소 방문

분양홍보관과 공인중개사사무소는 계약이 이루어지는 곳이니 투자자에게는 결전의 장소라 할 수 있다. 지나가다가 우연히 눈에 띄어 분양홍보관에 가는 경우는 상가를 깊이 알아보는 단계라고 보기 어렵다. 전화 상담이나 사전조사를 한 후에 이루어지는 방문이라야 깊이 알아보는 단계라고 할 수 있다.

방문해서는 어느 정도 알고서 전략적으로 행동하고 움직이는 것이 좋다. 분양상담사나 공인중개사가 제시하는 장점, 가격 정보 등을 들으면서 투자가 가능한지를 파악해야 한다. 일방적인 브리핑을 듣는 것도 좋지만 스스로 궁금한 사항을 체크하면서 상호 의견을 나누는 게 좋다. 장시간의 브리핑을 듣다 보면 집중력이 흐트러지면서 판단력이 약해질 수 있다. 그리고 왠지 상담사에게 미안한 마음이 생겨 결정을 뒤로 미루지 못하고 그 자리에서 결정해버리는 경우도 있다. 이때 홈쇼핑 전략처럼 좋은 입지의 상품이 몇 개 안 남았다는 식으로 분위기를 형성하면 쫓기는 입장이 되어 주도권을 완전히 뺏겨 급하게 계약서를 작성해버리기도 한다.

분양홍보관은 부동산 공급자에게서만 들을 수 있는 고급정보를 얻기 위해서 가는 것이다. '사장님' 소리를 들으면서 대접받으러 가는 곳이 아니다. 상가 투자는 분양홍보관이나 중개소를 방문했더라도 추가적으로 여러 가지 확인과 검토를 한 후 신중하게 결정해야 한다. 순간의 미안함 때문에 계약한다거나 단점이 될 만한 사항을 제대로 파악하지 못하고 계약한다면 두고두고 후회할 수 있다. 그러므로 첫 상담은 1시간 이내로 정리하는 게 바람직하다. 만약 당장 좋은 점포가 얼마 안 남아서 급하게 결정해야 한다고 얘기하면 그 상가는 나와 인연이 아니라고 생각하는 게 마음이 편하다. 세상에 상가는 많다.

약간 다른 얘기이지만 믿을 만한 분양상담사와 공인중개사와 커뮤니티를 구축해놓는 것이 좋다. 이들은 가격조건이 맞는 새로운 상품이 나오면 연락해 상품을 소개해준다. 관리고객이 되면 여러 가지 정보를 편하게 받아볼 수 있으니 상가 투자자 입장에서는 나쁜 방법이 아니다.

현장 방문

분양홍보관이나 공인중개사사무소의 설명과 브리핑을 듣고 마음이 움직였다면 현장까지 직접 방문해보는 것이 좋다. 분양홍보관이나 공인중개사사무소와 거리가 가까우면 도보로 움직이면 되고, 그렇지 않다면 차를 타고라도 가보는 게 좋다.

지도가 있고 포털사이트에서 위성사진을 볼 수 있는데 굳이 시간을 들여서 현장에 가볼 필요가 있느냐는 투자자의 용감한 말을 듣고 아찔한 적이 있다. "현장에 답이 있다."라는 말은 범죄 현장에만 적용되는 말이 아니다. 부동산 현장에도 잘 어울리는 말이다. 그중에서도 상가 투자는 현장 조건을 떼놓고는 생각할 수 없다.

현장은 혼자 가도 좋고 지인과 함께 가도 좋다. 지인과 동행하는 경우 어느 정도 상가나 부동산 또는 해당 지역을 아는 사람과 함께하는 것이 좋다. 분양사무실 직원이나 부동산 중개사무소 직원과 함께 갈 수도 있는데, 아무래도 이들은 목적이 판매에 있다 보니 좋은 점 위주로 설명하면서 단점에 대한 언급은 최소화할 가능성이 있다. 현장에 가는 목적은 장점을 확인하고 감탄하러 가는 것이 아니다. 현장에 가지 않고서는 파악하기 어려운 내용을 보고 예상치 못한 리스크가 있지 않은지를 살피기 위함이다.

LH상가는 공고문에 장점뿐 아니라 주의해야 할 사항을 잔뜩 써놓는다. 현장방문 기간을 정해놓는 경우도 많다. 현장방문기간에 주의사항을 확인할 수 있다. 일반 상가는 대체로 주의사항을 자세하게 알려주지 않는다.

지도나 사진으로는 볼 수 없는 것이 현장에서는 보일 때가 상당히 많다. 예를 들어 지대의 높낮이는 지도로는 제대로 알기 어렵다. 상가 중에는 경사진 곳에 있어서 유동인구의 외면을 받는 곳이 있는데 그런 지대에 있는 것은 아닌지 확인할 필요가 있다. 그 밖에 유동인구가 기피할 만한 시설이 있는 것은 아닌지도 봐야 한다. 앞서 얘기한 바 있는 유동인구의 흐름도 눈여겨볼 필요가 있다. 이미 어느 정도 투자적 관심을 가지고서 방문하는 현장인 만큼 별 생각 없이 돌아다니는 것보다 체크리스트를 적어서 하나하나 꼼꼼하게 확인하자.

상가 전문가 컨설팅

쉽고 간단한 일이라면 컨설팅이 필요 없지만 어려운 부분이 있으나 가치가 있는 것, 실패하면 손해가 큰 행위에 대해서는 컨설팅이 필요하다. 상가 투자는 어떠한가? 상가 투자에 관심이 높아질수록 궁금한 게 많아지고 또 알면 알수록 불안감이 커진다. 20여 년 경력의 나도 상가가 어렵다고 느낄 때가 적지 않은데, 하물며 투자 경험이 적으면 더욱 어렵다.

궁금한 사항에 대한 답을 주는 대상이 있으면 한결 편할 것이다. 하지만 상가 전문가가 무조건 도움이 되는 것은 아니다. 상가 투자 과정에서 컨설팅을 받고자 한다면 다음과 같은 전문가를 선택하는 것이 좋다.

첫째, 상가 투자에 대한 지식과 노하우가 있는 전문가가 좋다. 당연한 이야기이겠지만 지역과 상가 종류를 가리지 않고 컨설팅할 수 있는 능력과 경험이 있으면 좋다. 여러 성공 사례와 실패 사례를 축적하고 있기 때문에 실패를 줄이는 방향으로 가이드해준다.

둘째, 상가 투자 컨설팅뿐 아니라 상권 분석, 임대관리 등 폭넓게 담당할 수 있는 전문가가 좋다. 상가 투자 전후 과정을 모두 담당할 수 있다면 투자자로서 든든할 것이다.

셋째, 끊임없이 공부하며 최선의 방법을 찾으려고 노력하는 전문가가 좋다. 상가 투자는 작은 수익률 차이가 장기간의 만족과 불만족을 결정짓는다. 수시로 변하는 제도와 환경 속에서 가장 유리한 방안을 찾는 전문가, 투자자의 투자목적에 맞는 상가를 선택하기 위해 노력을 아끼지 않는 전문가를 선택하는 것이 좋다. 유명세는 높은데 지나치게 바빠서 개인의 투자 컨설팅을 세세하게 신경 써주지 못하는 전문가는 주의해야 한다.

넷째, 컨설팅 비용이 부담되지 않는 전문가가 좋다. 간혹 과도한 컨설팅 비용을 요구하는 곳이 있다. 컨설팅 비용을 지불하는 것은 당연하지만 그것이 지나치게 큰 금액이어서는 곤란하다. 납득 가능한 수준의 컨설팅 비용을 제시하는 곳을 택하자.

공공기관

상가 투자를 결정한 순간 싫든 좋든 공공기관과 친숙해질 수밖에 없다. 상가 주변에서 이루어지는 개발이나 건물용도를 관할하는 것이 구청이고, 상가를 매수·매도하면서 거쳐야 하는 게 세무서이다.

상가 투자 전에는 개발호재 상황, 인구 증가 등을 공공기관을 통해 확인해야 한다. 직접 공공기관을 찾거나 관보, 발표문서 등을 살피며 개발사항이 제대로 추진되고 있는지 점검해야 한다. 혼자 알아보는 게 힘들면 투자자들끼리 정보를 공유하는 것도 좋다.

구입하고자 하는 상가의 용도가 업종이 제한되어 있는지 확인하고 등기상황을 통해 권리관계도 파악하는 것이 좋다. 세금 변화도 단순히 중개사나 분양전문마케팅사의 설명만 믿고 끝낼 것이 아니라 세무서 확인을 통해 확실히 해놓는 것이 낫다.

03

유혹적인 상가, 이것을 주의해야 한다

상가 투자를 알아보러 다니다 보면 매력적인 상가를 만나게 된다. 설레어 밤에 잠이 안 올 정도로, 꿈에 나타날 정도로 매력적인 상가가 나타난다. 장점으로 유혹하는 대표적인 상가는 선임대 상가, 할인 상가, 확정수익 보장상가, 역세권 상가 등이다. 앞서 몇 번 언급했는데, 이들 상가들의 장점은 무엇인지, 어떤 부분을 중점적으로 봐야 하는지, 주의사항은 무엇인지에 대해 조금 더 자세히 살펴보겠다.

임차인이 정해진 안정적인 선임대 상가

선임대 상가는 임차인을 확보해놓은 상가라는 장점 덕분에 상가시장에서 인기이다. 본인이 직접 창업할 생각이 아니라면 임차인이 없다는 것은 상가 주인 입장에서 공포에 가까운 일이다. 임차인이 없으면 공실이 되는 것이고, 공실이 되면 임대료 수익 없이 대출이자와 관리비만 꼬박꼬박 내야 한다.

임차인이 있는 선임대 상가가 있으면 이런 리스크가 없을 테니 주목하지 않을 수 없다. 선임대 상가에만 투자하려는 투자자도 많고 선임대 상가를 관리고객에게 우선적으로 전달하는 공급자도 많다. 선임대 상가는 상가시장에서 귀한 상품으로 취급받는다.

선임대 상가에 대한 제안이 들어와 있다면 우선 보증금과 임대료 수준을 확인하고 상가 가격 대비 수익률을 체크해야 한다. 이때 대출이자, 취등록세, 수수료, 재산세, 건강보험 상승 예상분 등을 감안하고 수익률을 따져봐야 한다. 원하는 수익률이 나온다면 본격적인 검토에 들어간다. 아무리 선임대 상가라 해도 희망 수익률에 미치지 않으면 과감히 관심권에서 제외시키자.

선임대 상가라 해도 상가가 가진 기본적인 컨디션이 양호한지는 반드시 점검해보아야 한다. 현재의 임차인이 빠져나갔을 때 새로 들어올 임차인을 구하기 힘든 정도의 컨디션이라면 다시 신중하게 고민해보아야 한다.

선임대 상가가 빠르게 판매되는 것은 사실이지만 무조건 조기에 완판되는 것은 아니다. 수익률이 양호하면서 업종이 장기적으로 안전성이 있을 때 빠르게 판매된다. 선임대 계약조건에 대해서도 다음의 사항을 하나하나 확인해보기 바란다.

첫째, '임대확정'이 맞는지 확실히 알아봐야 한다. 일부 현장에서는 선임대 상가가 인기가 많다는 점을 이용해 임대차계약이 완료되지 않은 상태에서 입점 확정, 입점 유력이라고 홍보한다. 이는 임대차계약서가 작성되지 않은 단계이니 엄밀한 의미에서 선임대 상가가 아니다. 실제 임대가 확정된 것인지, 계약서 작성까지 마쳤는지 확인해야 한다.

둘째, 계약 당사자가 누구인지 체크해야 한다. 선임대계약은 상가의 시행 주체와 임차인 간의 계약이다. 그러므로 계약대상자가 맞는지, 다른 계약자들 간에 형성된 거래는 아닌지 살펴볼 필요가 있다.

셋째, 임차업종 및 임차인을 확인하는 것이 좋다. 상가는 주택 임대차 거래와 다르게 계약기간 내 임차인이 바뀌는 경우가 많다. 경기침체가 장기화되면서 임차인이 버티지 못하고 중도에 떠나는 사례가 늘고 있다. 그러므로 임대인 입장에서는 임차업종의 장기 안전성이 있는지 보는 게 좋다. 임대인이 창업자의 입장에 설 수 있으면 임차업종의 경쟁력에 대해 임대인 스스로 어느 정도 판단이 가능하다. 유행을 지나치게 탈 것 같은 업종, 시장성이 약하고 수요층이 얇아 장래가 불투명한 아이템 등은 임차대상으로는 불안한 측면이 있다. 다만 예외적인 사항이 있다. 업종 자체는 시장성이 약하지만 임차인이 스타성과 능력이 있어 인기를 끄는 경우이다.

넷째, 임차인을 검증해보는 것이 바람직하다. 나는 선임대 상가 투자자에게 가능하면 임차인을 직접 만나보라고 권한다. 시행사에 맡겨놓는 것보다 실세 투자자가 임차인을 만남으로써 얻는 정보가 있기 때문이다. 임차인을 만나 계약서 작성사항을 확인하고 임차인의 의지를 살펴본다. 직접 만나보면 어느 정도 열정을 가지고 임하는지 판단이 가능하다. 아무래도 열의를 가지고 임하는 임차인이 그렇지 않은 임차인보다 성공할 확률이 높다. 이때 자격증이 필요한 업종의 경우 자격증 여부도 확인하는 게 좋다. 만약 자격증이 있어야 영업이 가능한 업종에서 자격증이 없다면 문제가 생긴다. 자격증 없이 불법으로 영업하다가 적발되면 임차인은 물론 임대인에게도 손해가 생길 수밖에 없다.

다섯째, 만에 하나 발생할지 모를 거짓에 대비하는 게 좋다. 선임대 상가와 같이 장점이 있는 상품을 악용하는 공급자가 간혹 있다. 예를 들어 선임대 상가라고 해놓고서는 시행사에서 섭외한 사람을 심어놓은 경우가 있었다. 이 연기자는 몇 달 임대료를 내고서는 그대로 사라져버렸다. 이런 일이 있을 수 있기 때문에 직접 임차인을 만나보고 계약서를 확인해봐야 한다. 여건이 된다면 실제 장사하는 곳에 찾아가보고 선임대계약서상 임대료가 주변 시세에 비해 이상할 정도로 높게 책정된 건 아닌지 살펴보는 것도 바람직하다.

가격이 낮은 할인 상가

투자자에게 가격 할인만큼 매력적인 조건도 드물다. 아무리 기술적 분석에 능해도 가장 중요한 것은 저가매수라고 말하는 주식 투자 전문가가 있다. 싸게 사는 것이 그만큼 수익에서 상당히 비중 있는 장점이라는 의미이다. 이는 비단 주식 투자에만 국한한 것은 아니다. 수익률과 직결되는 투자에서 가격 할인은 절대적으로 눈길을 끄는 부분이다.

공급자 입장에서 빠르게 상가를 팔아야 할 때 가격 할인만큼 효과가 큰 마케팅 방법은 찾기 힘들다. 그래서 현장에서도 할인 상가를 심심치 않게 발견할 수 있다.

공급자는 용지가격, 건설비용, 마케팅 비용 등에 소정의 이윤을 더해 분양가를 책정한다. 분양상가가 아닌 매매상가의 경우는 매도자가 자신이 산 가격에 역시 이윤을 더해 매도가를 제시한다. 이때 처음에는 이윤을 비교적 높게 매기지만 시간이 지나면서 이윤을 낮추는 현장이 나온다. 그러면 투자자는 생각이 많아진다. '굳이 빨리 계약할 필요가 있을까?' 하는 생각이 들 수 있다. 기다리면 가격이 더 낮아질 것 같기 때문이다.

이는 조금 위험한 생각이다. 입지에 따라 빠르게 마감되어 살 기회를 놓쳐버릴 수 있고 상황에 따라 가격이 오를 수도 있다. 상가가 많이 있다지만 내 마음과 조건에 맞는 상가가 또 나온다는 보장이 없다. 협상을 통해 가격을 조절하는 것이면 몰라도 가격이 낮아지기를 무조건 기다리는 것은 좋지 않다.

'상가가 매력적이고 사고자 하는 사람이 많았다면 굳이 이윤을 낮춰가면서까지 할인할 이유가 있을까?' 하는 생각이 들 수 있다. 가격을 낮추는 데에는 뭔가 이유가 있기 때문이라고 생각하기 쉬운데 이는 맞을 수도 있고 틀릴 수도 있다.

실제로 상가 자체에 문제가 있어 가격을 낮추는 경우도 있었다. 구조적으로 문제가 있어 유동인구를 끌어모으기 힘든 입지 때문에 가격을 낮춘 상가, 근린 상가 근처에 있던 대학교가 이전하면서 가격을 할인한 상가 등이 있었다. 제 가격을 유지해서는 도저히 수익형 부동산으로서의 가치를 향유하기 어려운 조건이었기에 부득이한 상황이었다. 시행사에서도 눈물을 머금고 가격 할인을 단행했다. 이런 상가를 구입한다면 상가 자체의 가치하락이 있고, 장기적으로 회복반전의 요인이 없을 가능성이 크기 때문에 가격 할인의 장점을 기대하기 어렵다. 이런 경우는 가격할인이라기보다 '가치보다 비쌌던 가격이 제 자리를 찾은 것'으로 봐야 한다. 나는 투자자에게 이런 상가는 추천하지 않는다. 설사 투자자가 마음에 든다며 내게 검토를 부탁해도 적극적으로 만류하는 편이다.

그렇다고 내가 모든 할인 상가를 기피하는 것은 아니다. 분양상가의 경우 분양사무실을 유지하고 마케팅을 실시하는 데 지속적으로 비용이 발생한다. 이때 공급자는 분양을 계속 유지하는 비용의 부담 때문에 이윤을 다소 낮출 수 있다. 매매상가도 마찬가지이다. 매도자가 급하게 매매를 해야 하는 이유가 생기면 이윤을 낮춰 매도할 수 있다. 보통 어떤 이유가 되었든 급매는 일반적인 가격보다 싼 편이다. 이 경우에는 상가 자체의 문제라기보다 공급자 측의 사정이기 때문에 고려대상으로는 삼을 만하다. 가격을 낮춰 수익률 측면에서 장점이 있을 것이라고 생각하면 검토해보는 것도 괜찮다.

상가 주변이나 상가가 위치한 지역의 상권이 아직 활성화되지 않아 투자자가 나오지 않을 때 가격을 낮춰 투자자들을 찾기도 한다. 이 경우에는 향후 상가 가치 발전 가능성이 있기 때문에 가격 할인의 장점이 더해진다면 구미가 당기게 된다.

보통 할인 상가의 정보는 조용하고 은밀하게 공유된다. 상가가 홍보 및 광고를 대대적으로 했더라도 할인 정보는 비교적 조용하게 알려진다. 할인한다는 것을 적극적으로 알리면 왠지 가치가 하락하는 듯해 기존에 계약한 사람이 항의할 수 있기 때문이다. 상가 할인 정보를 얻고 싶다면 부지런히 움직이고 귀를 열어놓자.

내게는 할인 상가 정보가 많이 들어오는 편이다. 20여 년간 쌓은 네트워크로 수요자와 공급자 양쪽으로 커뮤니티가 활발하고, 상가의신 플랫폼을 통해 호실별 가격 정보를 공급하고 있기 때문이다. 할인의 이유, 할인 이후 가치 변동, 향후 예상 등을 고려해 투자해볼 만하다고 판단되는 상가는 투자자에게 알려주고 있다.

확정 수익 보장 상가

거듭 말하지만 상가에 투자하는 이유는 수익을 얻기 위함이다. 수익률에 크게 신경 쓰지 않고 향후 시세차익이나 증여 때문에 상가를 구입하는 사람도 있겠지만, 대부분은 앞으로 매달 얼마의 돈을 받는지, 매년 몇 %의 수익률을 올리는지에 관심이 높다. 0.1% 수익률과 몇 만 원의 월 임대료에 흔들리고 혹여 공실로 인해 이런 예상이 빗나갈까 불안해하는 것이 일반 투자자의 모습이다.

그런데 공실이나 계약조건과 무관하게 매달 일정 부분 확정 수익을 보장해준다면 어떨까? 예를 들어 연 7%의 수익률을 무조건 보장해준다거나 월 100만 원의 임대료를 조건 없이 넣어준다면? 투자자로서는 정말 유혹적인 상가라고 하지 않을 수 없다.

그렇다면 확정 수익 보장 상가는 투자대상으로 어떠한가? 나는 선임대 상가는 긍정적인 측면이 강하고, 할인 상가는 선별적으로 관심을 가져도 된다고 생각한다. 그런데 확정 수익 보장 상가는 부정적인 측면이 강하다는 생각이다.

선임대를 맞춰줄 정도의 임대 장점이 부족한 상황이라는 점 때문이다. 선임대가 아닌 확정 수익 보장 제시는 상가의 장점이 떨어지거나 특수한 상가 형태 및 독특한 형태의 상가 MD 구성 등의 이유로 선임대를 맞추기 어렵다는 것을 나타낸다. 이때 어찌됐든 지속적으로 약속된 금액을 지급해준다면 사실 문제가 안 될 수도 있다.

내가 확정 수익 보장 상가에 다소 부정적인 것은 실패 사례를 적지 않게 보았기 때문이다. 수익률 보장을 믿고 희망차게 계약했던 사람들이 나중에 약속한 수익률 지급이 중단되어 낙담하는 모습을 많이 보았다. 확정 수익 약속이 지켜지지 않아 문제가 된 것이다. 몇 달간 또는 몇 년간 잘 들어오던 돈이 어느 순간부터 들어오지 않았다. 사업을 추진하던 시행사가 사업진행이 제대로 되지 않아 돈을 입금하지 못하거나 심한 경우 자취를 감춰버리기도 했다. 수익률 보장 상가에 투자를 고려하고 있다면 다음 사항을 살펴보는 것이 좋다.

첫째, 제공하는 수익률이 현재 상황에 비해 지나치게 높은 것은 아닌지 확인해야 한다. 이런 경우, 시행사가 아무래도 중도에 제대로 된 수익을 지급하지 못할 확률이 있다. 상가 투자에서 고수익을 확정하려고 하는 자체가 지나친 욕심일지 모른다.

둘째, 시행사의 능력을 검증할 필요가 있다. 확정 수익을 제공하는 주체는 대부분 시행사이다. 이 시행사가 과연 장기적으로 수익을 책임지고 지급해줄 능력이 있는지를 봐야 한다. 사업에 대한 열의, 책임감, 포트폴리오 등을 두루 살펴볼 필요가 있다.

셋째, 수익금 지급이 이어지지 못할 때 자생적으로 생존 가능한 상가인지 확인하는 게 좋다. 여러 가지 사정으로 약속된 수익금 지급이 이루어지지 않을 때 투자자 입장에서 해당 상가를 임대 놓는다거나 스스로 운영함으로써 활성화시킬 수 있을 만한 자생력이 있는지 살펴봐야 한다.

역 이용 인구 확보 가능한 역세권 상가

역세권 상가는 선임대 상가와 함께 상가시장에서 큰 인기를 얻는 아이템이라 할 수 있다. 교통을 기반으로 하는 역세권 상가가 인기 있는 이유는 당연히 역의 존재 덕분이다. 역이 있는 곳에 사람이 모이고, 그 사람들이 주변 상가를 이용할 가능성이 크다는 기대감이 역세권 상가의 가치를 높인다. 특히 수도권의 일부 역 주변은 사람이 제대로 서서 움직이기 힘들 정도로 인파가 넘친다. 이런 모습을 보면 역 주변 상가에도 사람이 많이 모일 것이라는 기대감을 갖기 마련이다. 실제로 역 앞 상가 중에 매출이 높은 상가가 적지 않다.

컨설팅하면서 투자자의 말을 들어보면 많은 사람이 역세권을 중요 투자 요소로 생각하고 있음을 알 수 있었다. 하지만 역세권 상가에도 특별히 주의해서 살펴야 할 점이 있다.

첫째, 어디까지를 역세권으로 봐야 할지 생각해봐야 한다. 아파트를 알아볼 때 간혹 나오는 이야기가 도보 5분 거리라고 광고하는데, 알고 보니 경보선수처럼 뛰듯이 걸어야 5분 내에 도착할 수 있다는 것이다. 상가도 예외는 아니다. 직접 가보면 역에서 도보로 꽤 거리가 있음에도 불구하고 역세권이라고 얘기하는 현장이 있다.

초역세권, 초초역세권, 역 앞 상가 등의 표현까지 나왔지만 사실 모두 기준이 없기 때문에 정말 역에서 가까울 거라고 단정 짓지 말고 주의할 필요가 있다. 걸어서 10분 이상 거리라면 역세권 상가라고 칭하기에 조금 어려움이 있다고 생각한다. 가능하다면 역에서 도보로 가까운 상권부터 눈여겨보는 것이 좋다.

또 더블 역세권이나 트리플 역세권을 강조하는 상가가 있는데, 실제로는 이 역도 저 역도 도보로 가기 불편한 경우가 있다. 엄밀하게 말하면 역세권이 아님에도 역과 역 사이에 있다는 이유로 더블 역세권이 된 것이다. 그러므로 반드시 현장에 가서 역과의 거리가 어느 정도인지 확인할 필요가 있다.

둘째, 모든 역세권 상권이 다 잘되는 것은 아니다. 수도권 지하철노선도를 보면 수도권에만 족히 수백 개의 역이 있다. 지금도 지속적으로 역이 늘어나고 있으며 현재 공사 중인 역도 있다. 반대로 없어지는 역은 극히 드물다. 수도권에 거주하는 사람이라도 자신의 생활반경 주변이 아니라면 처음 들어보는 역도 적지 않을 것이다. 인구 유입에 큰 변화가 있지 않은 상태에서 역이 계속 늘어나는 상황인데, 이렇게 되면 당연히 모든 역세권이 다 같이 성공하기는 쉽지 않다.

역세권 상권 중에서도 차별화가 이루어진다는 말이다. 수도권 역에 살고 있는 사람이라면 자신의 주변 역을 떠올려보자. 인근이 활발한 역과 그렇지 않은 역이 구분될 것이다. 이것은 굳이 수도권이 아니더라도 역이 꾸준히 늘어나고 있는 지역에도 해당되는 사항이다.

오히려 역이 늘어나면서 역 간 상권 양극화가 더 심해지고 있다는 의견도 있다. 상가시장에서는 일명 '빨대효과'라고 하는데 주요 상권이 마치 빨대처럼 수요자들을 끌어모으는 현상을 말한다. 교통이동이 편해지면서 가장 가까운 역 주변 상권이 아니라 이동이 그렇게 어렵지 않은 유명 상권으로 몰려가 시간을 보내는 것이다. 서울로 치면 강남역, 홍대입구역, 건대입구역 등이 주변 수요층을 끌어모으는 곳으로 평가된다.

투자자 입장에서 괜찮은 역세권인지를 파악하려면 지하철 통계자료를 통해 역 이용 인구가 어느 정도인지를 알고 역 근처 배후세대와 유동인구도 조사해야 한다. 판단의 기준 중 하나로 환승역을 주의 깊게 보라는 의견도 있다. 환승역은 보통 사람이 많이 모이는 역이라는 이유에서이다. 즉 상권 분석가들은 빛 좋은 개살구라며 '이름만 역세권'으로 보는 역도 있으니 주의해야 한다.

다만 역세권을 지금의 시각으로만 봐서는 곤란하다. 현재 상당히 활발한 상권이라도 몇 년 후 조용한 상권이 될 수 있고, 지금은 수요자의 방문이 별로 없는 상권이라도 나중에 대형 상권으로 변모할 수 있다.

나는 투자자에게 미래적인 시각으로 상가를 알아보라고 강조한다. 역세권 상가와 관련된 것은 아니지만 이야기가 나온 김에 말해보면, 최소 몇 년 뒤 모습을 예상해 머릿속에 그려보는 게 좋다. 예상이라고 해서 예지력 같은 초능력이 아니다. 상권의 급격한 변동을 가져오는 것은 대부분 개발호재나 인구유입을 가져오는 시설의 진출입과 연관이 깊다. 예를 들어 종합대학교나 관공서가 이전해오면 그 주변 역의 상권은 활발해질 가능성이 높다. 반대로 현재 있는 대학교나 관공서가 다른 곳으로 이동하면 상권이 약해질 확률이 크다.

상권이 괜찮은 기존 역을 발견했는데 매물도 별로 없고 가격이 너무 비싸다는 이유로 새롭게 생길 역의 상가, 즉 신규예정 역세권 상가를 노리는 사람들이 있다. 나쁜 방법은 아니다. 다만 주의해야 할 사항이 있다. 새롭게 생기는 역은 상권의 미래를 예상해서 투자해야 하는데, 이는 전문가도 쉽지 않은 부분이어서 철저하고 세밀하게 판단해야 한다. 신규역은 개통예정이라는 말이 나오고 나서 실제 개통까지 꽤 긴 시간이 소요될 수 있다. 예정이라는 말이 나오고서 10년이 지나서 개통되는 경우도 있고 개통이 되지 않는 경우도 있다.

셋째, 같은 역을 반경으로 하는 동일 역세권 상가라 해도 전혀 다른 결과를 보이는 경우가 있다. 동일한 역 주변이고 역과의 거리가 비슷한데도 불구하고 한 상가는 호황을 누리는 반면에 다른 상가는 속된 말로 죽을 쑤는 경우도 비일비재하다. 역세권이 다 같은 역세권이 아니듯 동일 역세권에 있다고 해서 다 똑같은 역세권 상가가 아니다.

지하철역의 출구가 하나인 곳은 많지 않다. 출구가 적은 곳은 2개부터 많은 곳은 10개 이상의 출구가 있다. 그런데 사람들은 특정 출구를 집중적으로 이용한다. 그래서 예를 들어 5번 출구 근처에 있는 상가는 유동인구가 많지만, 3번 출구에 있는 상가는 유동인구가 별로 없어 상가도 재미를 못 보는 사례가 나온다. 그래서 역세권 상가라면 사람의 이용이 가장 많은 대표 출구를 파악하라는 이야기가 나온다. 당연히 사람들이 주로 이용하는 출구 주변 상가, 앞으로 많이 이용할 것으로 예상되는 출구 주변 상가가 좋다.

유혹적인 상가에 대해 몇 가지 알아보았다. 상가는 수시로 투자자들을 유혹할 것이다. 유혹을 받는다고 해서 성급해지면 투자자만 불리해진다. 빨리 상가를 구하고 싶다는 생각이 들더라도 신중히 판단하고, 이들 상가의 장점이 어떻게 반영되고 수익적으로 어떤 영향을 줄지에 대해 진지하게 고민해야 한다.

4장

현장을 모르면 알 수 없는 상가 투자의 이모저모

01

상가 투자의 고정관념을 버려라

상가 투자자와 상담하다 보면 고정관념을 갖고 있는 사람을 많이 만난다. '이런 상가는 이렇고 저런 상가는 저렇다.'며 단정하는 자신감과 소신은 높게 평가한다. 하지만 변동성을 가진 상가의 특성상 투자자의 일반적인 고정관념과 다른 사고를 했을 때 성공 가능성이 높다.

바둑을 둘 때 많은 기사가 그렇게 둬서 가장 우수한 착점이라고 생각했던 수가 알파고의 등장 이후 좋지 않은 수로 이미지가 바뀐 사례가 있다. 상가 투자 시장에서도 많은 사람이 원하던 유형의 상가가 그렇게까지 매력을 가진 상가가 아니라고 인식이 바뀐 사례가 있다. 상가는 절대적인 상품이 아니기 때문에 고정관념을 가지는 행동은 스스로 운신의 폭을 좁히는 원인이 될 수도 있다.

1층 상가 vs 상층부 상가

투자자 중에 지상 1층 상가만을 고집하는 사람이 적지 않다. 상가에서 지상 1층은 거의 절대적 로열층으로 속한다. 아파트는 여러 층이 로열층이 될 수 있지만 상가는 지상 1층이 독보적으로 인기 있다.

상가는 소비자들이 상품을 구매하기 위해 방문하는 곳이다. 1층 상가는 다른 층 상가에 비해서 노출성, 접근성, 편의성이 훨씬 높다. 누구도 부정할 수 없는 사실이다. 또 상가에 진입하기 위해서는 그것이 몇 층에 있든 1층을 통해 올라가거나 내려가야 한다. 2층 이상 고층의 상가는 지나가는 유동인구의 눈에 잘 띄지도 않을뿐더러 계단, 에스컬레이터, 엘리베이터를 이용해야 하는 불편함이 있다.

내 주변에도 1층 상가만을 투자대상으로 하는 사람들이 있다. 1층 상

전국 분양상가 층별 평균 분양가(3.3㎡)

3층	11,474,047원(1,001호실)
2층	14,729,245원(1,960호실)
1층	30,227,674원(4,773호실)

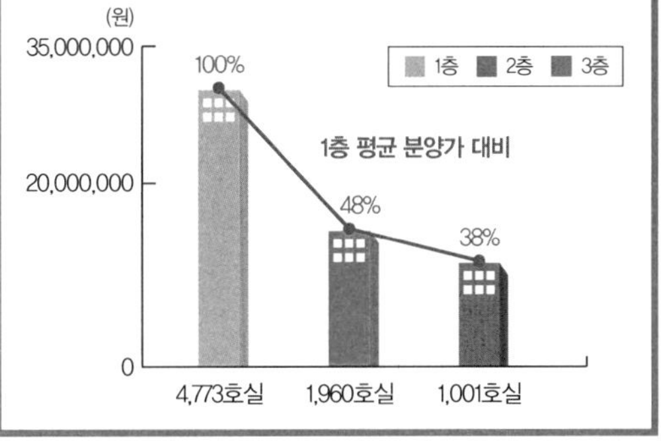

출처 : '상가의신'에 등록된 DB를 바탕으로 자체 산출

가만 찾는 사람에게 다른 층 상가를 얘기하면 눈길도 주지 않는다. 1층을 고집하는 것을 이해하지 못하는 것은 아니다. 그런데 문제는 가격이다. 1층 상가는 여러 가지 장점을 가지고 있는 만큼 가격이 상대적으로 높다. 분양가를 조사해보면 대략 1층 상가의 3.3m²당 평균가가 2층 3.3m²당 평균가보다 2배 이상 높다. 3층 이상 고층과는 더 많은 차이가 난다.

'상가의신'에 등록된 DB를 바탕으로 2019년 실시한 조사에 따르면 상가 지상 1층의 3.3m²당 평균가는 약 3,020만 원이었는데 2층은 이의 절반도 안 되는 약 1,472만 원이었다. 높은 투자금액은 수익률에도 영향을 미친다. 투자액수가 큰 만큼 수익률은 다른 층에 비해 상대적으로 낮은 경우가 많다. 그리고 지상 1층의 매매가 대비 수익률을 감당하기 위해서는 임차인으로부터 비교적 높은 임대료를 받아야 하는데 그렇게 되면 최근의 위축된 자영업 경기상 임대료를 감당하지 못하는 임차인이 늘어나면서 임차인이 자주 바뀌는 불안감을 야기할 수 있다. 산술적으로 간단히 따져보면 평균적으로 2층의 상가보다 임대료를 2배 정도 받아야 비슷한 수익률을 바라볼 수 있다.

나는 꼭 1층 상가를 사야 한다는 생각보다 수익률에 관심이 더 많은 투자자에게는 상층부 상가 투자에 관심을 가져볼 것을 권한다. 우선 상층부는 3.3m²당 가격이 지상 1층에 비해 낮아 투자금액에 대한 부담이 덜해서 수익률이 상대적으로 높은 편이다. 이것은 월임대료와 수익률을 중시하는 상가 투자자에게는 꽤 매력 있는 부분이다.

분양현장에서 지상 1층 상가 목표수익률을 연 5~6%로 제시하고 지상 2층 상가 이상은 연 7~8%, 또는 그 이상을 목표수익률로 내놓는 일이 많다. 실제 수익률에는 차이가 있을 수 있겠으나 아무래도 투자금의 볼륨이 적기 때문에 고층의 수익률이 상대적으로 높을 것으로 예상되는 게 사실이다. 현상에 있다 보면 고층 상가라고 해서 무조건적으로 기피하는 건 좋지 않다는 생각이 든다.

상층부 상가도 당연히 유의해야 할 부분이 있다. 기본적으로 환금성이 상대적으로 낮음을 감안해야 한다. 추후 매매까지 생각한다면 이 점은 유의할 필요가 있다. 그리고 상층부 상가는 입점 가능한 업종이 1층에 비해 한정적이다. 이는 근처 상가만 봐도 알 수 있는 부분이다. 고층에 핸드폰 판매점, 편의점이 있는 것을 본 적이 별로 없을 것이다. 공인중개사사무소도 어지간하면 1층에 자리 잡는다. 은행이나 유명 프랜차이즈 커피전문점이 2층에 자리 잡기도 하지만 1층에 있는 경우가 훨씬 많다. 일반근린 상가 고층에서 많이 보이는 업종은 보통 당구장, 독서실, PC방, 학원, 병원, 술집, 헬스장 등이다.

상층부는 특히 안정적인 임차인이 중요해서 임대인이 임차인의 업종을 많이 따진다. 장기적이고 안정적인 수익률을 위해서라면 단순히 입점하는 것보다 해당 업종의 창업자가 오랫동안 영업을 해주는 것이 중요하다. 일반적으로 병원이 고층 상가의 안정적인 임차인으로 소개된다. 그런데 병원이 해당 자리에서 오랫동안 꾸준히 잘 운영되는지는 장기적으로 생각해볼 필요가 있다. 과거에는 집 근처 병의원이 수십 년간 한자리에 있는 게 보통이었다. 하지만 지금의 병원은 이전이 생각보다 많다. 내게도 가끔씩 병원의 이전 안내 문자가 올 정도이다. 인터넷이 발달하면서 의사의 진료능력에 따라 멀리서도 환자들이 방문하기 때문에 예전보다 이전에 대한 리스크가 덜한 듯하다. 이런 현상은 상가 임대인 입장에서 생각해볼 만한 부분이다. 또 학원은 주변 학군과 운영능력에 따라 결과가 천차만별이다. 유명 학군에 있는 학원 중에는 오랫동안 인기를 누리고 계속 확장하는 경우도 있지만 금세 폐업하는 경우도 있다.

그렇다면 상가 전문가들은 고층 상가 구매자에게 어떤 상가를 우선적으로 추천할까? 우선 투자금액이 맞는 선에서 선임대 상가를 우선적으로 관심권에 넣으라고 권유하는 편이다. 선임대 상가를 선택할 경우 상층부 상가가 가져다주는 공실의 두려움에서 일정 부분 해소될 수 있다.

그다음으로 장기적 안정성을 본다. 상가 투자는 장기전 때로는 초장기전이기 때문에 선임대가 되어 있다 하더라도 가급적 오래 운영할 수 있는지를 따져보게 된다. 이를 위해 투자자와 함께 또는 투자자들을 대리해서 임차인의 능력을 점검해볼 때가 많다. 상층부 업종으로 병원과 학원 등에 가점을 주기는 하지만 해당 자리에서 장기적으로 운영할 의지와 역량이 있는지도 살핀다.

조금 다른 이야기이고 확신할 수 있는 내용이 아니지만 예를 들어보겠다. TV에 자주 출연하고 책을 출판하면서 유명세를 얻은 의사가 운영하는 병원의 경우, 해당 지역을 떠나더라도 수요층의 큰 변화가 없기 때문에 이전이 상대적으로 쉬울 수 있다. 또 의사의 집이 병원과 멀리 있는 경우도 유의하는 편이다. 병의원도 종목도 유의해야 한다. 산부인과와 소아과는 전망이 어둡다는 평이 있다. 출산율 저하에 따른 경영 악화로 풀이하고 있다.

임차인이 학원업종일 때에는 주변 환경을 많이 고려한다. 학구열이 높은 우리나라에서 지역별로 유명 학원이 몰려 있는 곳이 있다. 대표적인 곳으로 서울 대치동을 들 수 있다. 이런 지역에 위치한 입시학원은 타지역에서 학생이 오기도 한다. 유명강사가 있다거나 경력이 오래된 학원들은 학생과 학부모의 인기가 엄청나다. 입시학원이 아니더라도 대단지 아파트가 밀집한 곳 주변으로 태권도 같은 예체능 학원도 성황리에 운영되는 일이 많다. 학원은 주변 학군, 인근 주거세대, 학원의 경력 및 강사의 인기도 등이 영향을 미친다.

반면에 생긴 지 얼마 안 되어 사라진 학원도 많다. '상가의신' 사무실 인근의 단지 내 상가에도 학원이 꽤 많이 있는데 단기간에 운영을 마감한 곳이 있다. 출산율 감소와 이로 인한 학령인구 감소로 학원의 전망이 어둡다는 평가를 받고 있다.

고층에서 병원과 학원 업종이 아니어도 오랜 기간 안정적으로 운영 중인 점포들이 있다. 지인 중 한 명은 가발을 취급하는데 거의 30년간 같은 자리에서 단 한 번의 임대료 미납 없이 점포를 운영 중이다. 30년 동안 주변 점포는 수시로 영업주가 바뀌었다.

신도시 상가 vs 구도심 상가

신도시 상가와 구(舊)도심 상가는 아직 자리 잡지 않은 상권의 상가와 안정적으로 운영 중인 상권의 상가로 나눠볼 수 있다. 이렇게 이야기하면 당연히 안정적으로 운영 중인 상권의 상가가 낫다고 하겠지만, 이 역시 미래 가치와 가격 차이 등의 변수가 있으므로 간단하게 결정할 수 있는 일이 아니다.

주식투자로 큰 수익을 올린 전문가에게 오랜 기간 안정적으로 고수익을 올리는 비결을 묻자 그 전문가는 '선점'이라고 답했다. 저평가되어 있는 주식을 골라 보유하고 있다가 가치가 상승할 때 다른 투자자들에게 파는 방식을 계속해서 수익을 올렸다는 것이다. 단순히 먼저 산 것이 수익의 비결이었다고 보기는 어려우나 그 투자자의 기본 마인드에는 선점이 자리 잡고 있음이 분명하다. 선점은 주식뿐 아니라 모든 투자 상품에 적용되는 방식이다. 부동산도 남들보다 먼저 사서 가격이 오를 때 팔면 선점을 통한 수익이 가능하다.

신도시 상가를 홍보할 때 공급자는 선점이라는 말을 많이 쓴다. 아직 개발되지 않아 사람이 별로 없는 시기에 구입해 시간이 지난 후 활성화 효과와 가치 상승을 동시에 누릴 수 있다는 뜻이다. 신도시 주변의 다양한 개발호재와 향후 예상되는 인구 증가 등이 상가가치에 반영될 것이라는 이야기이기도 하다.

구미가 당기는 이야기이다. 실제 이 방식으로 재미를 보고 있는 투자자도 많다. 10여 년 전 강일지구 내 상업지역 근린 상가가 분양이 잘 안 되어 시행사 및 분양전문마케팅사가 골치를 앓았다. 주변에 사람이 없고 편의시설도 부족한 데다 곳곳이 공사판이니 투자 분위기를 느끼지 못하는 사람이 많았다. 그런데 그때 공급되었던 근린 상가를 몇 년 후에 가보니 빈 점포가 없고 모두 활발하게 영업 중이었다. 매매가도 분양가에 비해 크게 올랐다. 그 당시 상가에 투자했던 이들은 선점효과로 이익을 보았다.

그렇다면 새롭게 주거지역이 형성되는 신도시의 상가를 미리 사놓으면 누구나 이익을 볼까? 그렇게만 되면 대출 비중을 높여서라도 선점해 놓겠지만 그렇지 않은 경우도 적지 않다. 신도시 지역의 상가를 개발 전에 미리 구입해놓고 긴 시간을 기다려 드디어 대규모 주거단지 입주가 완료되었는데도 상권이 제대로 자리 잡지 못하면서 아파트 거주자들이 인근 지역 상권으로 빠져나가 해당 상권 상가가 장기간 공실을 유지하는 경우가 생긴다. 신도시 상권은 아파트 입주 후 제대로 안정되는 데 최소 3년 정도의 시간이 걸린다는 이야기가 있다. 지역에 따라 길게는 10년까지 내다봐야 한다. 선점투자에 성공하려면 몇 가지 조건이 있다.

첫째, 자금상황이 비교적 여유가 있어야 한다. 월임대료가 비교적 장기간 들어오지 않아도 큰 무리가 없고, 아직 활성화되기 전에 예상보다 낮은 임대료를 받아 수익률이 생각보다 낮더라도 크게 흔들리지 않을 정도면 좋다. 빨리 제대로 된 수익을 올려야겠다는 마음이 앞서면 신도시 상가 선점투자는 성공하기 어렵다. 상가를 선점해서 이익을 보기 위해서는 시간과 기다림이 어느 정도 받쳐줘야 한다.

둘째, 향후 개발계획에 대한 환상은 자제해야 한다. 신문광고나 전단광고 등에 나오는 신도시 상가의 미래 모습은 영화처럼 화려하다. 10층 정도 높이의 상가가 63빌딩보다 더 높아 보일 때도 있다. 거기에 해당 지역 개발사항까지 더해지면 몇 년 후 성공은 보장될 것처럼 여겨진다. 그렇지만 개발사항은 수시로 변동되거나 지연 또는 취소될 수 있다.

셋째, 해당 지역 상업용지 규모, 상가공급량, 배후세대, 인구유입, 시설의 입주사항 등을 확인한다. 신도시 지역이라고 해도 상업용지 규모는 제각기 다르다. 상업용지가 별로 없는 지역이 있는가 하면 지역 내 상업용지가 상당히 넓은 곳도 있다. 상업용지가 넓은 곳은 향후 공급과잉이 발생할 가능성이 있다. 신도시 상가가 분양되면 상업지역 내 인근 상가도 분양 중이거나 분양 계획이 잡혀 있는 경우가 많다.

대충 어느 정도 상가가 공급될지 현장을 가보면 알 수 있다. 예상 공급량이 예상 수요 대비 많은지 적은지에 대해 판단한 후에 투자하면 좋다. 상권 주변으로 주거단지가 얼마나 들어오는지, 대규모 인구를 끌어모을 수 있는 집객시설은 언제 어디에 생기는지, 개발사항으로 인한 유동인구 유입은 어느 정도일지를 예측해 공급량의 많고 적음을 판단해볼 수 있다.

넷째, 매매가 및 임대료 파악에 신중해야 한다. 현재 형성되어 있는 상권이라면 주변 시세를 통해 보증금, 임대료 등을 알 수 있기 때문에 적정 매매가 산정이 그렇게까지 어렵지는 않다. 하지만 아직 상권조차 형성되지 않은 곳의 적정 매매가와 임대료를 예측하는 것은 어려운 일이다.

나는 공급자 측에서도, 수요자 측에서도 컨설팅하고 가격 조사를 많이 했는데 신도시 상권 내 상가의 가격은 천차만별인 경우가 많다. 아직 상권이 형성되어 있지 않기 때문에 가격이 그렇게 높지 않을 것으로 생각했는데 실제 기대감이 잔뜩 반영되어 오히려 서울 내 탄탄한 상권보다 가격대가 높은 경우도 꽤 있었다. 반대로 기대감이 높은 입지임에도 불구하고 가격대가 낮은 곳도 있었다. 예상 임대료도 미래 가치를 반영해서 산출하는데, 이는 분양관계자들의 예상치인 경우가 많다.

이는 꼭 상가만의 문제가 아니라 오피스텔 같은 수익형 부동산에서도 마찬가지이다. 신도시 상권인데 서울지역 임대료를 예상해 연 7% 이상의 수익률을 거둘 수 있다고 하는 현장이 있었다. 그렇게 되려면 매월 70만 원 정도의 임대료를 받아야 했는데 실제 건물이 들어서고 나서 임차인이 별로 없어 임대료 50만 원에 임대차계약이 이루어졌다. 이렇게 되면 예상 수익률이 크게 어긋나 투자에 큰 차질을 빚게 된다. 상가도 이런 과대평가가 이루어질지 모르니 주의하는 것이 좋다.

신도시 상가는 분명 장점이 있다. 선점을 통한 기대 효과가 발현될 가능성이 있고 인근이 전부 새 건물로 지어져 깔끔한 인상을 줘 상가 주인으로서 만족할 확률이 크다. 그렇지만 역시 변수가 많기 때문에 자금 계획을 너무 타이트하게 잡지 않는 것이 좋다. 신도시 상가 투자의 기본은 근거 있는 합리적 예측을 바탕으로 장기적인 시각으로 접근하는 것이다.

구도심 상가에 잘 자리 잡고 있는 기존 상가 역시 장점과 단점이 공존하므로 투자자의 판단이 중요하다. 구도심 상가는 임대료 수준 파악이 쉽고 상권도 안정되어 있을 가능성이 높다. 그런데 구도심 상가는 '발전 가능성이 없는 상가'라고 해서 가치를 낮게 보는 경우가 많다. 사람들이 새것을 찾는 경향이 있기 때문에 구도심 상권은 갈수록 약화될 것이라는 예측까지 서슴없이 내놓는다. 새 상권이 만들어지는 만큼, 오래된 상권은 약해질 것이라는 논리이다. 그렇지만 구도심 상권과 신도시 상권이 동시에 잘되는 일도 많고, 신도시 상권은 자리를 못 잡는데 역사가 깊은 구도심 상권은 더욱 발전하는 일도 있다.

장사가 잘되는 구도심 내 상가는 매수수요가 많아 매물이 없고, 설사

나오더라도 가격대가 너무 높아 장사가 잘되어도 수익률 측면에서 별로 남는 것이 없다는 얘기도 흔히 들을 수 있다. 경험적으로 봤을 때 아주 틀린 말은 아니다.

현재 임대료를 기준으로 예상수익률을 파악해 목표수익률에 맞으면 구도심 상가 투자가 가능하다. 그런데 상권의 변화로 임대료 수준이 달라질 수 있다는 점, 상가가 오래된 경우 리모델링 비용 등이 발생할 수 있다는 점 등은 감안하는 것이 좋다.

구도심 내 상가 매물을 찾을 때는 네트워크가 도움이 된다. 이미 자리를 잡은 지 오래된 상권에서 안정적 매출을 이루고 있는 상가는 보통 이곳저곳에 광고하기보다 소수의 중개업소나 관련 업체에만 살짝 매도의사를 내비춘다. 굳이 대대적으로 홍보하지 않아도 매매가 가능하기 때문이다. 그러므로 발품을 팔면서 다양한 부동산과 접점을 만들고 다양한 매물정보를 보유한 전문가나 플랫폼을 활용하는 것이 좋다.

수도권 상가 vs 수도권 외 상가

수도권 밖에서 태어나고 자란 나는 개인적으로 딱히 특정 지역에 대한 호감이나 비호감이 없다. 그런데 부동산 업계에 오래 있으면서 어느 순간부터 나도 모르게 수도권과 비수도권을 구분지어 생각하게 됐다. 투자자 중에는 수도권 상가 외에는 상가로 생각조차 하지 않는 사람이 많다.

유명한 부동산 전문가 중 누군가가 "상가는 수도권 말고는 쳐다보지 마세요."라고 알려주기라도 한 것처럼 말이다. 특히 수도권에서 태어나고 자란 '수도권 토박이'가 그런 편이다.

수도권 상가를 선호하는 사람이 많지만 가격대에 따른 수익률 등을 감안해볼 때 절대적 우위에 있다고 하기는 어렵다. 좋고 나쁜 것은 상대적이라는 것인데 '1층 상가 vs 고층상가', '신도시 상권 vs 구도심 상권'에서 했던 내용과 비슷한 맥락이라고 보면 된다. 이들 모두 절대적 우수함이나 절대적 열등함은 없었듯이 수도권과 비수도권 상가도 마찬가지이다.

서울을 비롯한 수도권은 인구가 많다. 거주인구도 상당하고 유동인구 역시 풍부하다. 그런데 지역 이름이 성공적 상가 투자와 직결되는 것이 아니라는 사실이다. 그 이유는 수요와 공급이라는 기본원칙 때문이다. 수도권 지역에 상가를 이용할 수요자가 많지만 그만큼 공급되는 상가도 많다. 일반적으로 보면 수도권 지역의 3.3m²당 분양가가 대체적으로 더 높기도 하다. 그런데 묻지도 따지지도 말고 수도권 상가만 보라고 하는 것은 수도권 상가는 성공 확률이 높고 수도권 외 지역은 그렇지 않다는 의미일까?

수도권에 있다고 수도권에 살고 있는 사람 전부가 수요자가 아니다. 수도권 상가든 수도권 외 상가든 상가 주변과 상가 외부에서 해당 상가 정보를 미리 알고 찾아오는 수요가 해당 상가 수요층의 대부분일 것이다. 그러므로 수도권과 비수도권, 이런 식으로 크게 범위를 잡는 것은 의미가 없다. 수도권에 있어도 주변 경쟁이 치열하고 상권이 약하면 해당 상가는 힘들고, 수도권 외 지역에 있어도 경쟁도가 약하고 수요가 많으면 해당 상가는 잘 운영된다.

다만 수도권으로만 활동반경이 있는 투자자의 경우, 관리 차원에서 수도권 외 지역으로의 상가 투자는 만류하는 편이다. 자기가 잘 아는 지역의 상가에 투자하는 게 좋다고 본다. "아는 것이 힘이다."라는 말은 상가 투자 시장에도 적용된다. 교통사고는 주로 자신이 잘 모르는 초행길에서 많이 난다고 한다. 상가 투자에서도 잘 모르는 지역은 매입 전에 공부가 필요하다.

수도권 외 지역에 있으면서 무조건 수도권 지역의 상가를 구하려고 하는 것은 다시 한 번 곰곰이 생각해볼 필요가 있다. 수도권 내부지역 인구를 외부지역으로 이동시키는 정부 정책도 있고 귀농·귀촌이 트렌드가 된 지도 시간이 꽤 흘렀다. 수도권 집값이 계속 오르면 수도권 외 지역으로의 인구이동도 얼마든지 가능하다.

무엇보다 중요한 것은 가격대와 수익률이다. 대부분의 상가는 동일층에 비슷한 조건이면 수도권 상가의 가격이 수도권 외 지역 상가보다 높다. 분양가나 매수가가 높으면 그만큼 수익률을 맞추기 위해 수도권 외 지역보다 높은 임대료를 받아야 한다. 수도권 지역상가와 수도권 외 지역상가의 분양가 및 임대시세를 확인하고 이것이 가능한지 냉정하게 따져보고 확인할 필요가 있다. 지역보다는 본인이 관리할 수 있는 범위에 있는지, 상가의 상권이나 발전 가능성이 어떠한지, 예상수익률이 어떠한지 등 기본에 먼저 충실해야 한다.

독점 상가 vs 왕따 상가

상가를 파는 분양상담사나 공인중개사들이 '독점 상가'라는 말을 할 때가 많다. 해당 상권에서 주변 거주인구 및 유동인구 수요를 독점한다는 뜻이다. 이 말을 들으면 귀가 솔깃해진다. 독점상가라는 슬로건에 약한 투자자가 많다. 투자 컨설팅을 할 때 상권 내 다른 상가가 별로 없이 거의 혼자만의 상가로 있는 형태를 보여주면 눈이 동그래진다. 이 상황에 분양상담사나 공인중개사들이 독점 상가라는 이야기를 하면 당장이라도 계약서를 쓸 것 같다.

아파트에서는 나홀로 아파트라고 해서 저평가받는 일이 많지만 상가는 그렇지 않다. 수익형 부동산의 특성상 위에서 말한 독점효과가 기대되기 때문이다. 그런데 같은 독점 상가라 해도 시각을 달리하면 정반대의 이미지, 즉 왕따 상가로 볼 수도 있다. 여기서 왕따 상가는 것은 홀로 따로 있다는 부분을 강조하기 위한 표현으로 사람들이 찾지 않는 상권에 혼자 자리하다 보니 사람들이 별로 찾지 않는 상가를 말한다.

독점 상가가 맞는 것일까? 왕따 상가가 맞는 것일까? 현장 상황을 보지 않고 정확히 판단할 수 없지만 독점 상가로 홍보하는 상가라면 왕따 상가는 아닌지 확인해볼 필요가 있다.

수도권 안의 등산로 입구에 위치한 작은 상가건물이 있다. 근처에 주택가만 있을 뿐 주변에 상가를 찾아보기 힘들다. 그런데 봄가을 주말이 되면 각지에서 등산객이 몰려와 이 상가를 이용한다. 등산로 입구이기도 하지만 이 방면으로 하산하는 사람도 많아서 등산용품 판매점, 음식점, 편의점이 주말이면 인산인해를 이룬다. 평일에도 인근 주택단지의 거주자가 다소 거리가 떨어진 역 주변 상가 대신 이 상가를 방문한다. 이 정도 되면 독점 상가라 부를 만하다.

수도권 외 지역에 입지상 상업지역으로의 접근이 까다로운 약 500세대 아파트단지가 있는데 이곳은 해당 단지 내 상가가 거주자들의 동선과 잘 맞지 않은 곳에 위치해 있어 이용객이 적었다. 그런데 유동 동선 쪽에 있는 근린 상가는 아파트 주민들을 대상으로 독점 상가의 효과를 거두고 있다.

이러한 독점 상가에 매력을 느끼지 않는 상가 투자자들은 거의 없을 것이다. 독점 상가 투자 시에는 다음과 같은 점을 주의해야 한다.

첫째, 독점 상가는 말만 멋질 뿐 실제로는 왕따 상가일 수 있다. 주변 거주 대비 상가가 부족해 독점 상가로 포장하지만 실상은 아닐 수 있다. 인근에 거주세대와 유동인구 등 인구는 꽤 되지만 해당 상가를 찾는 수요자는 거의 없을 수 있다.

주변에 수요자는 있지만 상권이 약해 다른 상권에 방문할 가능성이 높다. 당장 근거리 반경에는 경쟁 상가가 없지만 중거리 정도에 대형 마트 등 대규모 집객시설이 있다면 그 부근으로만 발길을 주는 사례가 많다. 독점상가의 조건을 갖추고 있다고 해도 인근에 대체할 만한 상권이 멀지 않은 곳에 있다면 독점의 의미가 크게 약화된다.

둘째, 현재 독점 상가라고 해서 계속 독점 상가라는 보장이 없다. 다른 상가가 진입할 만한 매력요인이 없다면 관계없으나 수요자나 경쟁 공급자가 조금이라도 관심을 가질 만한 입지인 경우, 주변에 경쟁 상가들이 계속 들어서게 된다.

한마디 덧붙이자면 독점 상가의 경우, 조금 특수하고 수요자의 방문이 적은 업종보다는 수요자가 많이 찾는 편의점이나 세탁소 등 생활필수업종이 더 유리하다.

역세권 상가 vs 비역세권 상가

앞서 역세권 상가를 다루었으니 이번에는 조금 간략하게 이야기하겠다. 역세권 상가가 이름에 걸맞게 역 이용 인구를 끌어모을 조건을 갖추고 있는지, 비역세권 상가가 가격 경쟁력이나 다른 장점을 가지고 있는지 확인한 후 투자해야 한다.

역세권 상가라고 해서 다 역세권 상가는 아니다. 역과의 거리가 꽤 있으면서 주변 역 이름만 가져다 붙인 곳, 역 근처에 있기는 하지만 역 이용 인구가 다니는 동선상에 있지 않은 곳은 역세권의 혜택을 기대하기 어렵다. 그리고 빨대효과에 의해 다른 주요 역으로 소비수요를 빼앗기는 상권은 아닌지도 살펴볼 필요가 있다. 여기에 다른 역의 신규 생성도 눈여겨보아야 한다.

역세권 상가에 대한 인기와 선호도가 워낙 높다 보니 비역세권 상가를 무조건 역세권 상가에 비해 열등한 것으로 취급하는 사람도 많다. 역세권 상가가 역의 이용 인구라는 강력하고 매력적인 수요를 기대해볼 수 있는 것은 사실이지만, 이러한 기대감이 가격에 높게 반영되어 있거나 다른 상가들과의 경쟁 때문에 수익률을 만족스럽게 기록하지 못한다면 별 장점이 없다. 국내 상권 중에서 역세권이 아니면서도 꽤 활발한 상권이 있다. 꼭 역세권에 있지 않더라도 수요가 확보되고 가격조건이 괜찮고 기대수익률이 양호하다면 충분히 검토해볼 만하다.

고액 상가 vs 소액 상가

상가의 가격을 언급하는 이유는 투자금액대 설정을 잘못해 뒤늦게 후회하는 사례를 적지 않게 보았기 때문이다. 상가는 가격대가 천차만별이다. 같은 건물 안에 있다 하더라도 층수와 위치에 따라 가격이 크게 달라진다. 한 건물 안에서도 2~3억 원대의 점포가 있는가 하면 10억 원을 훌쩍 뛰어넘는 점포도 있다. 고액이 좋다든가 소액이 좋다는 얘기를 하려는 것이 아니다. 각각의 특성에 맞는 상가에 대해 생각해보는 계기로 삼으라는 것이다.

상가 투자에 상당히 많은 돈이 필요하다고 생각하는 사람이 많은데 꼭 그렇지만은 않다.

일반적으로 투자자는 소액 상가에 구미가 당기는 듯한 모습이 많다. 아무래도 돈이 적게 들어가기 때문이다. 얼마까지의 금액이 소액 상가이고 얼마부터의 금액이 고액 상가인지 확실히 정의 내리기는 어렵다. 다만 3억 원대 미만의 상가물량도 꽤 된다는 사실이다. 여기에 30% 정도 대출을 감안하면 실제 투자금액은 더 줄어든다. 실제 현장에서는 총 분양가가 2억 원이 안 되는 상가도 적지 않다. 대출까지 활용하면 9,000만 원 이하로도 투자가 가능하다. 그러니 미리부터 위축돼서 "나는 돈이 없어서 상가 투자는 어렵다."라고 포기할 필요는 없다.

다만 소액상가 투자 시 유의해야 할 점이 있다. 바로 '가격이 싼 이유가 납득이 되고 그 이유를 극복할 수 있어야 한다.'는 것이다. 가격이 낮은 이유가 면적이 좁아서, 고층이어서, 미래 개발 효과가 아직 반영이 안 되어서 등 어느 정도 수긍이 가고 그럼에도 목표수익률을 추구할 수 있는 방안과 기대감이 충분하다면 검토해볼 만하다. 하지만 지역 내 대규모 집객시설의 외부 이전이라든지 건물 구조상 유동인구 접근이 불리하거나 주변 개발사항이 취소되든가 하여 수용하기 쉽지 않은 이유 때문에 가격이 싼 것이라면 거리를 두는 게 좋다. 간단하게 말해서 장기적으로 목표수익률 이상을 꾸준히 얻을 수 있는가를 따져보아야 한다. 장기적으로 해결하기 어려운 난제들이 있으면 꾸준한 목표수익률 추구가 어렵다는 답이 나올 것이다.

비슷한 개념으로 고액 상가 투자라고 해서 무조건 기피대상은 아니다. 여력이 되고 상가 컨디션이 괜찮다면 볼륨이 큰 상가가 매월 더 많은 임대료를 가져다줄 수 있다. 가격이 높은 이유가 납득이 가고, 그 높은 가격을 극복하고 목표수익률을 이룰 수 있게 해주는 임차인을 구할 자신이 있다면 관심을 가져볼 수 있다.

사실 정답은 적정한 대출 비중 유지와 자신의 자본에 맞는 상가 투자이다. 적절한 대출 비중은 앞서 얘기한 것처럼 투자금액의 30% 정도이다. 이보다 적으면 수익률 측면에서 아쉬움이 있고, 이보다 높은 금액은 이자비용이 부담된다. 특히 50% 이상의 대출 비중은 공실 등 돌발 상황에 크게 흔들리며 위기를 맞이할 수 있으니 주의가 필요하다. 저금리 기조가 유지되면서 대출이자에 대한 부담이 줄어 대출 비중을 높이려는 투자자는 신중을 기해야 한다.

투자 가능한 금액을 모두 투자금으로 넣는 것은 아니므로 매월 받고자 하는 목표 임대료를 바탕으로 투자금액을 잡는 것이 좋다. 예를 들어 매달 100만 원의 임대료를 받고자 한다면, 30%의 대출금을 바탕으로 얼마를 투자해 얼마의 임대료를 받아야 하는지에 대해 계산한 후 그에 맞게 투자하는 것이다. 소액 투자와 고액 투자보다 중요한 것은 바로 이 점이다.

신규 상가 vs 노후 상가

같은 상권에서 같은 값이면 당연히 새 상가가 노후 상가보다 나을 것이다. 아파트도 신규 아파트가 노후 아파트보다 인기가 훨씬 많다. 상가를 이용하는 수요자도 오래된 곳보다는 새롭게 지어진 상가에서 소비하는 것을 선호한다. 화장실이 깨끗하고 건물 자체도 깔끔하며 엘리베이터나 주차장 등의 편의시설 역시 오래된 상가보다 낫다. 창업자도 기왕이면 새 건물에서 시작하고 싶은 로망이 있다.

이번에도 역시 문제는 가격과 수익률이다. 신규 상가는 아무래도 가격이 더 높을 가능성이 있다는 점, 새롭게 들어서는 상가이다 보니 상가수요가 정착되는 데까지 시간이 소요될 가능성이 있다는 점 등을 감안할 필요가 있다. 수요자들은 일반적으로 관성의 법칙 같은 것이 있어서 새로운 건물이 들어서도 특별한 이벤트나 이슈가 없다면 낯설어하며 기존 상가를 계속 이용하려는 경향이 있다.

나는 오피스텔 투자자에게는 가급적 새 오피스텔을 보유하는 것이 좋다고 말하는 편이다. 입지가 아주 좋거나 가격조건이 상당히 좋지 않으면 노후 오피스텔은 컨설팅 대상에서 제외하고 있다. 수요자들이 신규 오피스텔을 선호하는 데다 더 새로운 오피스텔이 있으면 그쪽으로 임대수요가 몰리기 때문이다. 오피스텔은 구조상 재건축을 통한 수익을 기대하기 어렵다.

하지만 상가는 조금 특성이 다르다. 잠을 자고 샤워를 하고 직접 요리를 하는 등 오랜 시간을 보내는 가정과 달리 가게는 수요자 입장에서 잠깐 시간을 보내기 때문에 상품의 질이 좋고 서비스의 경쟁력이 있다면, 상가 자체 방문 수요가 안정적이라면 노후 상가를 굳이 관심권에서 제외시킬 필요는 없다.

이런 점에서 가격대가 좋고 상가를 방문하는 수요가 안정적이라는 가정하에 노후 상가에 관심을 가져볼 만하다. 물론 영업에 지장을 주는 정도의 하자나 결함이 있으면 곤란하다. 재개발이 예정되어 있어 앞으로 상가를 운영할 수 있는 날이 얼마 없는 것도 문제가 된다. 그런 경우가 아니라면 콘텐츠, 서비스, 영업력 등을 보유한 창업자가 도전해볼 만하다. 요즘에는 빈티지 스타일을 선호하여 약간 낡은 느낌의 가게를 찾는 창업자도 있다고 하니 이 또한 참고하면 좋다.

낡은 상가를 새롭게 꾸미기 싫어 비교적 싼 가격에 매매하는 일이 있는데, 임대수요 확보와 수요자들의 방문을 높이기 위해 어느 정도 인테리어를 하는 것이 좋다. 상가 컨설팅 과정에서 오래된 상가를 구입해 인테리어까지 총괄적으로 진행한 적이 있는데, 큰 비용이 들지 않는 선에서 최신 인테리어 기법을 적용해 임대수요와 소비수요 확보에 모두 성공한 바 있다. 다만 인테리어와 리모델링에 들어가는 액수가 크다면 굳이 오래된 상가를 산 의미가 없어질 수 있다. 따라서 구매 전에 꼭 해야 하는 인테리어 범위를 세세하게 정한 뒤 견적을 미리 받아보는 것이 좋다.

코너 상가 vs 비코너 상가

동일한 건물이라면 당연히 코너 상가가 노출성, 접근성 등의 측면에서 비코너 상가에 비해 낫다. 그런데 코너 상가는 특성상 공급량이 적을 수밖에 없다. 이론적으로 1개 건물에서 코너는 4곳만 나올 수 있기 때문이다.

현장에서는 코너 상가에 대한 인기가 높아 대개 코너 상가부터 주인을 찾는다. 공급은 상대적으로 적고 수요가 많기 때문에 분양하는 주체나 매도인이 다른 점포에 비해 높은 가격을 책정하는 일이 많다. 분양상담사도 코너는 보유하고 있을 때나 매도할 때나 그만큼 가치가 있다며 투자자들을 유혹한다.

그런데 막상 구매한 코너 상가가 생각만큼 장점을 발휘하지 못하는 경우가 있다. 그것은 아무래도 가격대가 상대적으로 높기 때문에 다른 상가에 비해서 임대료를 높게 받아야 하는 점과 연관이 있다. 코너 상가는 일반상가에 비해 임대료 수준이 높은 것은 사실이다. 그러나 무한정 높을 수는 없다. 아무리 코너 자리가 좋다 하더라도 입지가 한정적이기 때문에 임차인이 올릴 수 있는 매출에는 한계가 있다.

코너 상가 투자 전에는 코너의 장점을 충분히 누릴 수 있을 만큼 상가 주변으로 유동인구가 많은지 확인하고, 그다음에 주변 조사를 통해 해당 상가 코너 자리에서 받을 수 있는 임대료 수준을 점검해보아야 한다. 이때 예상수익률이 목표 수준과 맞아야 투자가 가능하다. 만약 코너 상가라고 해서 묻지마 식으로 투자하면 이 수익률이 맞춰지지 않는 임차인을 맞이하거나 수익률 수준이 맞지 않아 공실을 유지해야 할 수도 있다.

한편 코너 상가 대신 코너 옆자리를 노려보라는 이야기도 꾸준히 나오고 있다. 코너 옆자리 상가를 눈여겨보라는 말이 나오는 데에는 다음과 같은 이유가 있다.

통상 코너 자리는 임대료 부담이 다른 점포에 비해 상대적으로 높은 편이기 때문에 이를 감당할 수 있는 프랜차이즈 매장이 입점하는 일이 많다. 그런데 코너 자리 면적은 대부분 전용면적 33m²(약 10평)에서 40m²(약 12평) 사이로 설계되기 때문에 영업장으로서 공간이 협소한 경우가 많다. 이때 프랜차이즈 매장이 코너 자리 바로 옆의 매장을 터서 같이 운영하는 사례가 있다. 그간 현장의 경험으로 봤을 때 아주 흔한 경우라고 할 수는 없지만 신규 분양상가에서는 간혹 나타나는 모습이다.

상가는 도면상으로 101호, 102호와 같은 식으로 점포가 쪼개져 있지만 실은 대부분 나무로 만든 가벽들이어서 특별한 제한조건이 없는 한 어렵지 않게 허물고 상가를 합칠 수 있다. 프랜차이즈들은 이런 이유로 코너 자리 옆 점포까지 임대하는 일이 있다.

이를 수치상으로 보면 더 빠르게 와닿는다. 과거 김포한강신도시 H상가의 지상 1층 코너 자리는 분양가가 3.3m²당 2,700만 원대, 코너 자리 바로 옆 점포는 2,500만 원대로 공급된 바 있다. 그런데 준공된 후 프랜차이즈 업체가 들어와 코너 자리와 코너 옆자리를 합쳐 운영했다. 코너 옆자리 점포와 코너 자리는 면적은 동일했으나 가격은 코너라는 특징 때문에 차이가 발생했다. 그런데 프랜차이즈 업체가 두 점포를 합쳐 사용하면서 임대료는 동일하게 받았다. 코너 옆자리의 수익률이 상대적으로 높은 것이 당연했다.

그러나 이 역시 일반적인 사항은 아니므로 이것을 노리고 투자하기보다는 역시 기본적인 예상수익률과 투자 가능 금액대를 우선하여 매수하는 것이 좋다. 다만 무조건 코너 자리만 사야 한다는 생각에서 좀 더 유연해지는 게 좋다.

상가 투자에 절대적인 정답은 없다. 상품마다 가지고 있는 조건과 목적에 따라 다른 부분이 많기 때문이다. 아무리 컨디션이 좋은 상가라고 하더라도 자신의 조건과 맞지 않는다면 애물단지가 될 것이고, 남들이 관심을 보이지 않는 상가라고 하더라도 자신의 조건에 맞는다면 훌륭한 자산이 될 것이다. 서울대에 합격했다고 해서 모두가 다 행복한 삶을 사는 것은 아니라고 한다. 서울대가 아니더라도 꿈이나 적성에 맞는 학교를 찾고, 목표를 위해 계속 노력하는 학생이 행복한 삶을 살 가능성이 높다. 이것은 상가 투자에도 적용된다.

컨설팅 때 "이 상가는 지방이니까 안 좋잖아요?", "신도시 상가니까 앞으로 가능성이 높죠.", "고층상가는 투자하는 게 아니래요." 등의 말을 거침없이 하는 투자자가 많은데 모두 투자과정에서 경계해야 할 부분이다. 나는 컨설팅할 때 현재 가진 자금 수준과 목적, 앞으로 상가를 통해 얻고자 하는 꿈 등을 소상하게 묻는 편이다. 그래서인지 내게 투자 컨설팅을 받고나서 자아발견의 시간이었다고 말하는 사람도 꽤 있다.

자기 자신을 잘 알아야 사고가 유연해지고 자신에게 맞는 상가를 고르기 수월해진다. 아직 투자 전이라면 최대한 여러 각도에서 상가를 점검하고 따져보면서, 이 상가가 나와 맞는 것인지, 나와 장기간 인연을 맺을 만한 상가인지 잘 생각해보기를 바란다. 절대적으로 좋은 상가도 절대적으로 나쁜 상가도 없다. 그보다는 자신의 조건, 목표, 꿈에 맞는 상가인지가 더 중요하다.

02

상가 투자 성공에 가까워지는 꿀팁

이전 저서 『돈이 돈을 벌게 만드는 부자들의 상가 투자』에서 '고수들만 알고 있는 상가 투자 노하우'를 공개한 바 있다. 이번에도 상가 투자 과정에서 알아두면 좋은 꿀팁을 몇 가지 소개하고자 한다.

입찰 시에는 과열에 주의한다

신규 상가 중 입찰 방식으로 공급하는 물건도 있다. 주로 LH나 민간 건설사의 단지 내 상가에 입찰이 적용되는 사례가 많다. 미리 분양가를 정해놓은 뒤 입찰에 참가한 사람을 대상으로 추첨해 당첨자를 결정하는 내정가 공개추첨 방식도 있지만, 가장 높은 가격을 작성해서 제출하는 입찰자가 낙찰받는 경쟁 입찰 방식이 주로 활용된다.

경쟁 입찰 방식은 선착순 수의계약이 아니어서 순서와 상관없이 경쟁할 수 있다는 장점이 있지만 분위기에 휩쓸려 높은 가격으로 입찰받을 수 있다는 단점도 있다. 심한 경우에 동일층, 동일면적, 비슷한 조건임에도 2배 이상의 낙찰가 차이를 보이는 일도 있다. 만약 102호가 1억 원에 낙찰받았는데 103호가 2억 5,000만 원에 낙찰받았다면, 103호 낙찰자는 102호와 동일한 수익률을 얻기 위해 102호의 임차인보다 2.5배 높은 임대료를 지불할 임차인을 찾아야 한다.

입찰 경쟁하는 상가에 투자하는 이들 중에 분위기에 휩쓸리는 경우가 종종 있다. 현장을 한 번 보고 나서 꼭 사야겠다는 마음이 너무 강한 나머지 무리해서라도 금액을 써내는 것이다. 주식 투자자 중에도 갑자기 특정 종목에 빠져 매수 타이밍이 아닌데도 대출까지 활용해 투자하는 일이 있는데, 상가 투자자 중에도 이와 비슷한 모습을 보일 때가 있다. 특히 몇 번 사고 싶은 상가에 입찰했다가 아깝게 유찰한 경험이 있으면 더 급하게 나서기도 한다.

투자 가격대가 비교적 낮고 집객수요가 존재한다는 이유로 초보 투자자는 LH 단지 내 상가를 많이 권유받는다. 그런데 자칫하면 낙찰을 받고도 수익률 확보가 만만치 않아 고민에 휩싸일 수 있다. 상가 입찰에 나설 때에는 스스로 적정 가격을 정해놓고 그 기준에서 냉정함을 유지하고 입찰가를 쓸 필요가 있다.

적정한 입찰가는 목표수익률 산출과 연관이 있다. 목표수익률에 맞는 선에서 입찰해야 하는데 이를 위해서는 임대료 수준을 파악해야 한다. 입찰 전에 인근 중개업소 여러 곳을 찾아가 임대료 수준을 확인할 수 있다. 신도시 상가는 아직 주변 상권이 없어서 임대료 수준 파악이 어려울 수 있다. 이때는 근처 지역, 비슷한 신도시 등의 시세를 조사해 임대료를 예측해보아야 한다. 이 부분이 쉽지 않으면 전문가의 도움을 받는 것도 좋다.

과거 LH상가 입찰전략을 제시할 때 내정가 대비 120% 또는 내정가 대비 150% 이내에서 낙찰 받으라는 이야기를 많이 했는데, 그도 일리가 있지만 스스로 예상수익률과 그를 통한 입찰가 산정을 하는 것이 더 의미있다고 생각한다.

신규 분양상가는 도면을 잘 살펴야 한다

보통 상가를 구매하기 전에 해당 상가를 방문해 주변 상황이나 내부 상태를 점검한다. 이 과정에서 마음에 들지 않는 사항을 발견하면 투자를 보류하게 된다. 아파트 매매는 물론 오피스텔 매매에서도 현장방문을 통한 정보가 상당히 큰 역할을 한다. 말로 설명하기 힘들고, 사진으로 전달하기 힘든 내용을 현장에서 발견할 수 있기 때문이다. 사진이나 글로 내용을 봤더라도 실제 현장에 와보면 큰 차이가 있을 수 있다.

그런데 아직 지어지지 않은 신규 상가는 현장방문이 어렵다. 한 번은 신규 분양상가를 계약했던 투자자로부터 다급한 전화를 받은 적이 있다. 개발사항과 인구 유동 동선 등을 꼼꼼하게 따지고 나서 투자를 했는데, 상가 앞으로 커다란 나무가 있어 상가의 노출성이 크게 떨어진다는 것이었다. 실제 현장을 가서 보니 나무에 가려 지나는 사람들의 눈에 잘 띄지 않는 상가였다. 최초 도면과 계획서 등을 통해 꼼꼼하게 확인하지 않은 것이 불찰이었다. 그 밖에도 막상 지어지고 보니 주차가 너무 불편해 곤란을 겪은 사례도 있었고, 기둥이 안쪽으로 크게 형성되어 있는 사례도 있었다.

상가는 아파트나 오피스텔처럼 별도의 홍보관이나 유닛이 존재하지 않는 경우도 많고, 건물을 짓는 과정에서도 변동 가능성이 계속 존재하기 때문에 더더욱 꼼꼼하게 도면을 확인해야 한다. 어려움이 있으면 경험자나 전문가의 조언을 구하는 것을 추천한다.

외부 인구를 끌어모으는 테라스 상가의 특징을 알아둔다

건물 앞에 테이블과 의자를 깔아놓고 영업하는 테라스형 상가에 관심을 보이는 투자자가 많다. 점포 내부뿐 아니라 밖까지 공간 활용을 할 수 있고 외부 유동인구에게 노출 효과도 누릴 수 있기 때문이다. 이러한 특성은 특히 지상 1층 상가에서 두드러지게 나타난다. 그래서 지상 1층에

테라스형 상가

위치한 테라스형 상가의 인기가 높은 편이다. 2019년 청라국제도시에 완성된 주상복합상가는 커넬웨이를 마주보는 테라스형 구조로 설계되어 분양 당시부터 큰 주목을 받았다.

테라스형 상가도 주의해야 할 점이 있다. 첫째, 한여름이나 겨울철에는 테라스 공간 활용이 어렵다. 테라스 공간을 사용하다가 계절적 요인으로 사용하지 않으면 매출이 감소한다. 외부에 냉방이나 난방 시설을 제공해 테라스 공간을 사용할 수는 있다.

둘째, 테라스 공간이 분양면적에 포함되어 있는지를 따져봐야 한다. 서비스 면적이 아닌 분양면적이라면 자신의 공간을 계절에 따라 사용이 불편하다는 점에서 손해가 된다.

셋째, 테라스는 지자체에 따라 조금씩 다르지만 주차공간으로 사용한다거나 도로를 침범하거나 하면 불법사항이 될 수 있다. 신고를 하면 단속대상이 된다는 뜻이다. 상권 활성화 측면에서 테라스 상가나 루프톱 상가 등에 대한 규제가 약화된다는 이야기가 꾸준히 나오고 있고 실제 이런 흐름을 보이는 곳도 있는데 테라스형 상가 투자 시에는 합법과 불법 여부를 판단해두는 것이 좋다. 참고로 과거에도 테라스형 상가가 많았는데, 상당수가 불법이었다. 그런데 이들은 벌금 맞을 각오를 하고 테라스형 상가로 운영했다.

분양상가는 시행사의 신용도를 살펴본다

분양상가 사업의 주체는 시행사이다. 건물을 짓는 시공사, 상품을 판매하는 분양전문마케팅사, 자금을 관리하는 신탁사 등이 있는데 이들 모두를 총괄하는 곳이 시행사라고 할 수 있다. 그렇기 때문에 분양상가 사업이 제대로 진행되는 데 시행사의 역할이 가장 중요하다.

그런데 의외로 시행사에 대해 무감각한 투자자가 많다. 상가 시행사는 대체로 소규모인 곳이 많아서 인지도가 부족한 탓인 듯하다. 시공사가 잘 알려진 건설사이고 분양전문마케팅사가 유명하다 하더라도 시행사가 부실해 사업이 불안하게 흘러가는 것을 여러 번 보았다.

시행사의 의지, 철학, 역량에 따라 상가의 품질도 많이 달라진다. 시공사나 건축사가 공사과정에 참여하고 건축심의에서 가이드라인이 있지만 건물을 짓고 분양하는 과정에서 시행사의 의견이 꽤 많이 작용한다. 상가 투자자들을 위한 마인드가 강한 시행사라면 상가 구성이나 내부 구조 설계 등에서 다른 상가들과 차별화된 결과물을 만들어낼 수 있다. 충분한 내부시설과 고객들을 위한 편의시설 등을 구성해 건물 완공 후의 상가 이미지까지 신경 쓰는 시행사도 있다.

시공사는 건물을 짓고 나면 하자보수 등을 제외하고는 업무가 거의 종료되지만 시행사는 이후에도 분양, 전반적인 운영, 임대관리 등을 관할하게 된다. 특히 최근에는 상가가 다 지어지고 난 후에도 시행사가 활동적으로 움직이는 경우가 많다.

오피스텔 중에는 시행사에서 조식 서비스, 자전거 제공, 세탁 서비스 등을 실시하기도 한다. 상가도 선임대 상가를 맞춰 놓는다든지 렌트프리 실행, 상가 자체 이벤트 진행 등을 기획해 활성화를 도모하기도 한다. 다만 이러한 사항들을 분양가나 관리비 등에 포함시킬 수도 있으니 확인이 필요하다. 시행사가 과거에 공급했던 상가들을 직접 찾아가보면 도움이 된다. 상가가 제대로 지어졌는지, 임대는 잘되었는지, 활성화가 잘되어 상가들의 영업이 양호한지 등을 전반적으로 살피는 것이 좋다.

시행사의 자금력 역시 중요하다. 안타까운 일이지만 시행사의 자금 문제로 준공이 늦어지거나 시행사가 사업을 접는 경우도 있다. 선분양 제한과 책임준공 등의 도입으로 건물이 지어지는 데까지 문제가 없다 하더라도 이후 상가 활성화 등에서 제약이 발생할 가능성이 높다. 특히 시행사가 주체가 되어 진행하는 렌트프리 등의 제도가 실행되면 시행사의 역할이 크기 때문에 시행사의 건실성과 업력을 살펴보는 것이 좋다.

자체 수요를 확보한 상가를 눈여겨본다

상가 투자자들이 가장 두려운 것은 공실이다. 공실을 막기 위해 필요한 것은 임차인이다. 장기간 안정적으로 운영할 수 있는 임차인이 있다면 상가 투자자들은 비교적 안정적인 수익 생활을 향유할 수 있다. 임차인에게 필요한 것은 상가를 이용해줄 소비자이다.

이런 관점에서 주목받는 것이 바로 자체 수요가 확보된 상가이다. 자체 수요를 확보했다는 것은 건물 안이나 단지 안에 자리 잡고 있어 해당 거주자나 이용객이 수요층이 될 확률이 높다는 의미이다. 자체 수요 확보 상가로는 단지 내 상가와 주상복합상가, 지식산업센터 지원상가 등을 들 수 있다. 단지 내 상가는 해당 단지주민 등을 기본 수요로 볼 수 있고 주상복합상가나 지식산업센터 지원상가는 건물 내 오피스 등 활용객을 수요층으로 바라볼 수 있다.

자체 수요 확보 상가는 다음과 같은 점을 살펴봐야 한다. 첫째, 필수업종 구성이 유리하다. 사람들은 꼭 필요하고 자주 이용하는 업종은 굳이 멀리 나가서 구매하기보다 가까운 데에서 구매해 시간과 체력을 절약하려는 경향이 크다. 편의점 등 소비가 계속 반복적으로 발생하고 근거리를 선호하는 필수적 업종의 입점이 유리하다.

둘째, 자체 수요층의 구성을 살펴볼 필요가 있다. 단지 내 상가라면 해당 단지주민의 구성 계층을, 그리고 주상복합상가나 지식산업센터 상가라면 해당 건물 내 입주자 형태를 파악하면 입점업종 구상이나 상가 구매 결정에 도움이 된다.

셋째, 소비의 공백이 있는지 확인하는 것이 좋다. 단지 내 상가라면 주중과 주말 모두 수요층이 존재하지만 주상복합상가나 지식산업센터는 주중에는 활발하다 하더라도 주말에는 건물 내 인구가 크게 줄어든다. 주5일제, 주52시간 근무제의 활성화가 이루어지면서 더욱 그렇다. 대학생들이 주로 거주하는 건물은 상층부가 주거세대라 하더라도 여름과 겨울에는 학생들이 집으로 돌아가기 때문에 사람이 드물다.

넷째, 자체 수요가 안정적으로 존재하는지도 확인해야 한다. 예를 들어 단지 내 상가인데 단지주민의 입주가 제대로 이루어지지 않는다거나 주상복합상가에서 상층부 오피스 공실이 많다면 자체 수요를 안정적으로 확보했다고 보기 어렵다. 분양전문마케팅사나 공인중개사는 총 개수로 홍보하는 경향이 있다.

예를 들어 '상층부 500세대 확보', '500세대 모두 분양 완료'라며 강조한다. 이것이 사실인지를 떠나 분양이 완료되었다고 해서 모든 세대가 가득 들어찬다고 확정할 수 없다. 아파트는 분양받은 사람이 직접 들어와서 사는 일이 많지만 오피스텔이나 오피스는 분양받거나 매수한 사람이 직접 활용하는 경우가 그렇게 많지 않다. 최종적으로 분양받은 사람이 임차인을 구하는 일까지 진행하고 건물 전체의 공실이 최소한으로 줄어야 안정적 확보로 연결된다.

다섯째, 자체 수요만으로 임차인이 안정적으로 영업하여 상가 주인이 월 임대료를 꾸준하게 받는 데 지장이 없는지 확인해봐야 한다. 이는 상가의 공급량과도 연관이 있는데 자체 수요를 500세대 확보했는데 상가가 500실이라면 1세대당 1상가로 지나친 과잉공급이 되어 의미가 없어진다. 자체 수요가 확보되었고 상가 공급량이 적절한지, 자체 수요만으로는 상가 운영이 어렵다면 외부 인구까지 끌어모을 수 있는 여건인지 확인해볼 필요가 있다.

광고와 브리핑을 여러 가지 방법으로 검증한다

광고와 세일즈 혹은 홍보와 판매는 고객의 소비를 일으키기 위해 존재한다고 해도 과언이 아니다. 본인이 스스로 상가를 알아보고 파악해 계약까지 추진하는 일도 있겠지만 많은 사람이 광고나 브리핑을 접한 후 투자에 나설 것이다. 광고와 브리핑을 하는 광고인은 판매를 위해 많은 경력을 쌓고 노력하는 사람들이다. 가망 고객에게 상가 투자에 대한 정보를 제공하는 데 보람을 느끼는 이도 많겠지만 그래도 궁극적으로는 소비와 매출을 내야 하는 사람이다. 이런 점을 따져봤을 때 광고와 브리핑이 상품 구매 유도에 맞춰져 있는 것은 당연하다.

물론 광고나 세일즈가 거짓으로 구성되는 일은 드물다. 잘못된 내용으로 광고가 이루어지면 공급자가 그에 대한 책임을 져야 하기 때문이다. 하지만 딱히 거짓은 아니라 하더라도 약간 과장되거나 확실하지 않은 사항을 강조해 판단을 흩트리고 빠른 결정을 유도하는 일이 있다. 상가는 액수도 크고 비교적 장기간 보유해야 하는 상품이기 때문에 순간적이며 충동적으로 구매할 수는 없다. 상가 투자자들은 기본적으로 홍보 내용을 무조건 수긍하기보다는 의문을 가지는 게 좋다.

광고나 전단은 인쇄물의 특성상 오타가 있을 수도 있고, 추후 변동될 가능성이 있다. 브리핑도 마찬가지이다. 해당 상담사나 중개사가 상담하는 시기에 내용을 잘못 파악하고 있을 수도 있고, 상담할 때까지는 상담사의 말이 맞았는데 나중에 상황이 바뀔 수도 있다. 광고나 브리핑을 통해서 내용을 들었더라도 가급적 해당 사항들을 직접 점검하고 확인하는 것이 좋다.

관공서를 다니며 개발계획 사항들을 확인하고 역과의 거리 등 교통사항도 광고에 언급된 사항과 일치하는지 직접 살펴본다. 혼자서 알아보는 것이 어렵다면 주변의 도움도 요청해야 한다. 상가 주변 공인중개사사무소 여러 곳을 방문해 현지 부동산 전문가들의 의견을 청취하고, 실제 현장 주변에 사는 사람을 많이 접하는 것이 좋다. 그렇지 않다면 인터넷 커뮤니티를 활용해 해당 지역 거주자들의 말을 경청할 필요가 있다. 해당 지역에 몇 번 가본 사람과 해당 지역에 10년 이상 살고 있는 사람과는 아무래도 정보의 질에서 차이가 날 수밖에 없다.

그 밖에 상가 등 부동산 전문가에게 자문 및 조언을 구할 수 있다. 나도 봄가을이면 거의 매일같이 투자에 대한 조언, 자문, 컨설팅 요청을 받는다. 상가 쪽으로 경험이 많은 전문가들은 지역 정보나 상가시장 분위기 등을 파악하고 있다. 매일같이 상가와 상권 등을 연구하기 때문이다. 상가에 대해서 궁금하고 의문이 가는 부분, 확신이 필요한 부분이 있다면 전문가들의 도움을 받자.

여러 장점을 동시에 갖춘 상가를 주목한다

여러 가지 장점이 눈에 띄어서 상가 투자를 결정하고 상가와 인연을 맺을 것이다. 단순히 모양이 예쁘다고 상가 구매를 확정한 이는 드물 것이다. 역세권 상가, 선임대 상가, 가격 경쟁력 등 앞으로 상가의 가치에 긍정적 영향을 미칠 가능성이 높은 요인이 구매 결정에 영향을 끼친다.

요즘처럼 전반적 경제 상황이 위축되고 상가시장과 창업시장이 동시에 가라앉은 시기에는 한 가지 장점보다는 여러 가지 장점을 동시에 갖춘 상가를 눈여겨보는 것이 좋다. 왜냐하면 현재야말로 여러 장점을 한꺼번에 보유한 상가들을 구할 수 있는 여건이기 때문이다. 전반적으로 시장 상황이 좋을 때는 한 가지 장점을 갖춘 상가도 구하기 어렵다. 그때는 상가를 구하려는 사람이 많아 경쟁이 치열하기 때문이다.

예를 들어 역세권 상가의 장점을 가진 것에 더해, '역세권+주변 대비 가격 낮음', '역세권+선임대', '역세권+자체 수요 확보'처럼 2가지 장점, 더 나아가 '역세권+수요 확보+상가 앞 관공서 이전 확정' 등 3가지 이상의 장점을 갖춘 상가라면 장기적으로 더욱 높은 가치를 바라볼 수 있을 것이다.

마케팅에서 많이 활용되는 SWOT 분석이 있다. 강점과 약점, 기회와 위기를 동시에 살피고 이를 점검해 효율성을 높이려는 전략 중 하나이다. 상가 분양현장에서도 공급자에 의해 상가상품에 대한 SWOT 분석이 실시된다. '역세권 입지가 강점, 높은 분양가가 약점, 주변 상권 확장이 기회, 경쟁 상권 발전 가능성이 위기' 같은 식이다. 관심이 가는 상가가 생기면 해당 상가의 SWOT 분석을 해보기 바란다. 강점과 약점, 기회와 위기를 두루 살피다 보면 상가에 대한 객관적 시각이 강해진다. 스스로 장점이라고 생각하는 것과 단점이라고 생각하는 것, 기회로 여겨지는 것, 위기로 받아들여지는 것 등을 부담 없이 적으면 된다. 이 역시 어려우면 상가에 대해 조금 잘 아는 경험자에게 도움을 요청해보자.

경쟁 상권 조사는 미래 예상도 중시한다

상가 투자자에게 상권 조사는 상당히 중요한 일임을 여러 차례 강조한 바 있다. 특히 내게 컨설팅을 받은 투자자들은 마치 자신이 가게를 차리는 창업자처럼 열심히 상권을 연구하고 파악한다. 나는 상가 투자 강의를 할 때 상권 조사와 분석을 꼭 함께 다룬다. 그러면 상가 투자자가 상권 조사를 할 때 창업자와 동일한 방식으로 하면 될까? 큰 틀에서는 비슷하지만 개인적으로 조금 시각을 달리 했으면 하는 부분이 있다.

창업자는 당장 가게를 오픈해 영업하려는 사람이다. 현재 상권에서 최선을 다해 장기적인 영업을 위해 노력하겠지만, 당장의 임대료 부담이 있어서 단기적 시각으로 상권을 조사한다. 바로 장사를 해야 하는데 몇 년 후 미래에 중심을 두며 조사하는 것은 창업자의 취지에 맞지 않다.

반면에 상가 투자자는 대부분 장기간 상가를 보유하는 것이 보통이므로 현재 상권 현황을 조사함과 더불어 미래 상권에 대한 예상도 중시해야 한다. 조금 냉정하게 말하자면 창업자는 장사가 잘되지 않으면 가게 운영을 접고 다른 상권으로 이동할 수 있지만 상가주인은 손쉽게 상가를 처리하고 다른 상권에 투자하기 어렵다.

적절한 전용률로 이루어진 상가가 좋은 상가이다

아파트를 구할 때 분양면적과 전용면적으로 나뉘어 있는 것을 본 적이 있을 것이다. 분양면적은 주차장 등 공용면적을 포함한 것이고 전용면적은 해당 가구가 실제 사용할 수 있는 실면적이다. 아파트는 보통 전용면적이 높은 현장이 더 높은 인기를 얻는 경우가 많다. 상가도 전용면적과 분양면적이 있는데, 분양면적에서 전용면적이 차지하는 비율이 높으면 전용률이 높은 상가가 된다. 아파트에서 전용률이 높은 곳이 상대적으로 관심이 높다 보니 상가에서도 전용률이 높은 곳을 우량한 것으로 인식하는 사람이 적지 않다. 그런데 상가에서의 전용률과 상가의 우수성은 비례하는 것이 아니다.

전용률이 높으면 해당 상가 자체의 실사용공간이 넓어지는 것은 맞다. 실사용공간이 넓어지면 상대적으로 공용공간은 줄어들게 된다. 그것이 주차장이 될 수도 있고 복도 공간이 될 수도 있고 엘리베이터 부분이 될 수도 있고 편의공간이 될 수도 있다. 극단적이기는 하지만 전용률이 100%인 상가가 있다고 가정해보자. 1층에 복도와 화장실, 주차장도 없고 문도 건물과 일체화된 특이한 모습일 것이다.

단순히 자신의 가족만 이용하는 주택과 달리 상가는 고객의 방문이 목적이다. 상가를 아무리 넓게 잘 꾸며놓아도 고객이 상가 방문을 불편해해서 상가를 잘 찾아오지 않는다면 영업이 잘되지 않을 것이고 그렇게 되면 상가는 임차인을 구하기 어려워 임대료가 떨어지거나 공실을 맞이하게 될 것이다.

상가 종류별 평균 전용률 표를 살펴보면 상가의 적정 전용률을 확인하는 데 도움이 된다. 상업용부동산 전문 플랫폼 '상가의신'에 등록된 분양상가들을 종류별로 나누어 전용률을 조사했는데, 단지 내 상가의 평균 전용률은 약 56%, 근린 상가의 평균 전용률은 약 54%였다. 테마쇼핑상가를 제외한 대부분의 상가들이 분양면적의 약 절반 정도가 실사용면적 수준임을 알 수 있다. 다만 여기서 내놓은 수치는 평균치로 참고가 될 수는 있지만 절대적인 이상적 전용률이라고 하기는 어렵다. 적정한 전용률은 각 상가의 특징과 현장조건마다 각기 다를 수밖에 없다.

전용률이 높은 상가가 무조건 우량상가는 아니란 것이 핵심이다. 다소

전국 분양상가 상가 종류별 평균 전용률

상가종류	근린상가	단지내상가	복합상가	오피스 빌딩	주상복합	지식산업 센터	테마쇼핑
전용률	54.05%	56.03%	53.83%	52.83%	45.16%	50.42%	37.73%

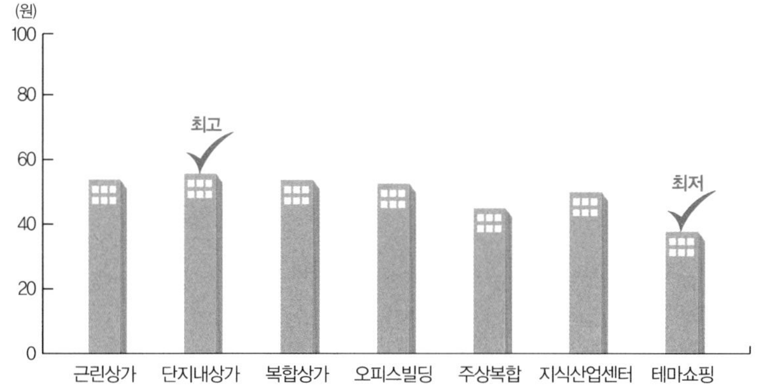

출처 : '상가의신'에 등록된 DB를 바탕으로 자체 산출

교과서적인 이야기이지만 방문 고객에게 불편함 없이 편안한 소비, 즐거운 소비를 제공할 수 있는 여건을 만들어주는 상가 전용률이 적정 전용률에 가깝다고 본다.

노력하는 임차인의 선택이 성공을 부른다

상가 투자에서 정말 중요한 것이 임차인이다. 상가 투자를 하다가 공실을 맞으면 임대료를 받지 못하고 대출금과 관리비만 나가게 되니 공포가 엄습한다. 기존 임차인이 있다가 나갔을 때도 그렇고 새로운 상가에서 아직 임차인이 없는 상황일 때도 그렇다. 그렇다 보니 임차인이 정해지면 별로 따지지도 않고 바로 임대차계약에 들어가는 게 보통이다. 그렇지만 임대차계약도 엄연히 계약이고 쉽게 해약할 수 있는 사항이 아닌 만큼 신중할 필요가 있다. 공실이 무섭기는 해도 임차인과는 장기적으로 관계를 유지해나가야 하는 만큼 계약 전에 어느 정도 확인 과정을 가지는 게 좋다.

기본적으로는 문제가 있는 업종, 건물의 법적 용도에 맞지 않는 업종은 상가 주인에게도 피해가 올 수 있다. 과거 불법퇴폐업소가 운영된 것이 적발되면서 해당 영업주뿐 아니라 상가 주인도 곤란을 겪은 일이 있다. 영업자가 사업자 등록증에 다른 업종으로 기입해 운영한 것이고 상가 주인은 관리를 소홀히 한 것이었는데 어찌되었든 정신적, 금전적으로 힘든 일을 겪어야 했다. 한 임대인은 과거에 문구 쇼핑몰 판매점 및 사무실로 상가를 공급했다가 성인 쇼핑몰을 운영하는 임차인 때문에 난감한 일을 겪기도 했다.

안정적인 임대 수익을 위해서는 능력 있는 임차인을 맞는 게 유리하다. 장사를 잘하면 임대료를 밀리거나 폐업할 일이 드물다. 장기적으로 운영할 확률이 높은 업종에 실력까지 갖춘 임차인이 인기가 높다. 우량 임차인에 대한 이야기는 앞서 선임대 상가 부분에서 자세하게 다룬 바 있다.

여기서 말하고 싶은 부분은 노력하는 임차인이다. 성공한 창업자가 모두 미친 듯이 노력했다고 단정할 수는 없지만 적어도 노력파는 실패한 창업자보다 성공한 창업자 쪽에 많다. 나는 직접 창업을 해보기도 했고 창업 컨설팅을 오랫동안 해왔다. 경험상 노력과 창업 성공의 연관성은 상당히 높다. 반대로 얘기하면 노력하지 않는 창업자는 성공의 가능성이 낮다. 노력하는 직원이 회사를 살리듯, 노력하는 임차인이 상가의 가치를 높인다.

노력하는 임차인이 주중과 주말 가리지 않고 아침부터 밤까지 영업하면 긍정적 영향을 불러일으켜 상가 전체를 활성화시킬 수도 있다. 과거에 건물주나 상가 시행사들 사이에서 임차업종으로 은행이 큰 인기를 끌던 시기가 있었다. 지금도 인기업종이기는 하지만 과거보다는 다소 약해진 상황이다. 금융권의 지점 축소 흐름도 있겠지만, 상가 활성화 측면과도 관련이 있다. 은행은 주5일제 근무로 주말에는 불이 꺼져 있는 데다 평일에도 오후 4시 무렵에는 문이 닫힌다.

최근에는 업종에 따라 다르긴 하지만 한 상가의 상권 범위가 과거에 비해 넓어진 측면이 있다. 교통이 편리해지면서 타지역으로의 이동이 편리해지고, SNS 등 미디어의 발달로 스토리 있는 점포를 찾아가는 사람이 늘어났다. 즉 열정적이고 스타성을 가진 임차인 하나가 상권을 뛰어넘는 소비를 이루어낼 수 있다는 의미이다.

지하층 상가는 무조건 기피대상이 아니다

지하층 점포 자체에 거부감을 가지고 있는 투자자가 꽤 있다. 상가 투자자에게 지하층 점포를 안내했다가 일언지하에 거절을 당한 경험이 있다. 상가 투자자가 지하층을 별로 좋아하지 않는 이유는 여러 가지가 있다. 지하층 점포는 환금성이 떨어질 가능성이 높고 가치상승 장점도 작아질 확률이 크다. 대부분의 상가 투자자가 선호하지 않다 보니 시세차익을 보면서 매도하는 게 쉬운 일이 아니다. 또 지하층은 임차인의 선호도가 낮다. 임차인에게 인기가 적은 층의 상가를 가지고 있으면 수익에 불안감이 생기니 자연스럽게 투자자들도 지하층을 외면하는 경향이 있다. 창업자가 지하층을 선호하지 않는 이유는 다음과 같다.

첫째, 진입할 수 있는 업종이 한정적이다. 휴대폰 매장, 공인중개사사무소 등 지하에서는 고객 확보가 다소 어려운 업종들이 대표적이다.

둘째, 고객의 진입이 아무래도 어렵다. 인도에서 바로 진입할 수 있는 지상 1층 상가는 물론 엘리베이터가 연결되어 있는 상층 상가에 비해 지하층은 아무래도 수요자의 진입이 적다. 특히 계단이 가파르거나 낡은 곳은 고객의 방문이 급감한다.

셋째, 환기 설비 등이 제대로 갖춰져 있지 않으면 쾌적하지 못해 소비자들이 잘 찾지 않는다.

넷째, 외부에서의 노출성이 가장 약하다. 제대로 신경 쓰지 않으면 지하상가를 발견하기가 쉽지 않다.

다섯째, 지하층 점포는 내부 설비 시공 시 업종과 바닥 면적에 따라 소방법 기준을 충족해야 하는 등 까다로운 면도 있다.

그렇지만 지하층 점포에 단점만 있는 것은 아니다. 나는 상가 투자자에게 지하층 상가는 무조건적으로 기피할 대상이 아니라고 말한다. 지하층이 가진 장점이 있기 때문이다.

가장 큰 장점은 역시 상대적으로 낮은 임대료와 매매가이다. 임대료가 낮으면 당연히 매출에 대한 부담이 약해진다. 비용부담을 느끼는 창업자의 접근이 가능하다. 상가 투자자 역시 임차인만 확보한다면 1층에 비해 훨씬 낮은 매매가로 높은 임대수익률 추구가 가능하다.

비교적 넓은 면적으로의 구성이 가능하다는 점도 지하 1층 상가의 장점이다. 상가 지상 1층은 상가를 잘게 쪼개서 공급해 면적이 작은 경우가 많은데, 이렇게 되면 넓은 면적을 필요로 하는 업종은 진입이 쉽지 않은 측면이 있다. 특히 PC방이나 피트니스센터, 스크린골프장 등의 업종은 면적이 넓으면서도 지상층에 비해 보증금과 월세가 저렴한 중대형 지하층 점포가 나을 수 있다. 최근에 짓고 있는 상가들은 지하층 점포에 실내 환기 시스템을 적용하고 지하까지 엘리베이터를 연결해 편의성을 높이는 등 지하층 점포의 창업환경에 신경 쓰는 곳이 많다.

단점도 적지 않지만 장점도 있으니 지하층 상가에 대해 무조건적으로 기피하기보다는 관심을 가져보는 것도 나쁘지 않다. 다만 지하층 점포에 대해 관심이 있는 투자자는 다음 사항을 확인해보는 것이 좋다.

첫째, 상가 주변으로 기본적 수요층이 풍부하게 확보되어 있어야 한다. 배후 소비세력이 충분하지 않으면 지하층은 물론 지상 1층 점포도 고객유입이 어렵다.

둘째, 지하층 점포는 지하층에 맞는 업종으로 운영되는 것이 좋다. 앞서 말한 PC방이나 피트니스센터, 스크린 골프장, 노래방, 대형 할인마트 등은 지하층에서 성공적으로 운영 가능한 업종이다.

셋째, 지하로의 연결 및 고객 편의성도 확인해보면 좋다. 계단이 가파르고 낡아 찾아가는 데 불편하거나 공기가 쾌적하지 않으면 고객들이 방문을 꺼리게 된다. 수요자들이 편리하게 찾을 수 있고 소비하는 동안 불편함을 느끼지 않도록 하는 게 좋다.

여기에 한 가지 더 추가하자면 관심을 두고 있는 지하층 상가 주변에, 기왕이면 같은 층에 많은 사람이 방문하는 인기 점포가 있으면 상승효과를 누릴 수 있다.

상가의 층고를 살펴본다

상가 층고는 투자자나 창업자가 의외로 놓치기 쉬운 부분이다. 면적과 가격을 우선시하다 보니 층고에 대해서는 소홀한 경우가 있다. 층고가 높으면 개방감이 있고 쾌적한 느낌을 주고 층고가 낮으면 답답한 느낌을 준다. 같은 인테리어를 하더라도 층고가 높은 상가가 훨씬 더 폼이 난다. 사람들은 무의식적으로 층고가 낮은 상가를 꺼린다. 또 층고가 낮으면 음식점의 경우 환기시설을 제대로 설치하지 못해 낭패를 볼 수 있다.

최근에는 층고가 높게 시공되는 것이 대부분이기는 하다. 약 10여 년 전에 입지도 좋고 분양가 수준도 괜찮았는데 분양이 제대로 되지 않는 상가가 있었다. 다른 이유도 있겠지만 지나치게 낮은 층고가 문제였다고 생각한다. 층고가 낮아 업종제한이 많아 임차예정자들에게 부정적인 이미지가 강하다 보니 상가 투자자도 불안감을 느껴 선불리 분양에 나서지 못했던 것이다.

그렇다고 상가의 층고가 높은 것이 무조건 좋다는 말은 아니다. 냉방비와 난방비 측면에서는 층고가 높으면 손해를 볼 수 있으며 업종에 따라서는 높은 층고가 효용이 없는 것도 있다.

03

수익형 부동산 플랫폼을 활용하라

골프에 관심이 있다면 골프연습장이나 필드에 가고, 자녀의 대입 정보를 얻기 위해 입시설명회에 가는 것처럼 정보를 얻고자 한다면 정보가 모여 있는 곳, 정보를 제공해주는 곳으로 가야 한다. 비슷한 생각을 가진 사람이 모인 곳에 정보가 생성되고 팽창한다. 정보 취득 여부에 따라 결과가 달라질 수 있다.

그런데 정보가 너무 많으면 혼란이 오게 된다. 정보를 제공하는 쪽에서 남은 물량이 별로 없다는 식으로 압박해오면 그 많은 정보 속에서 표류하다가 최종 결정의 순간에 잘못된 판단을 하고 만다. 그런 식으로 나중에 후회하며 내게 방법을 문의하는 투자자가 적지 않았다.

나에게 맞는 정보와 그렇지 않은 정보를 파악해 효율적으로 시간을 활용해야 한다. 상가 투자 컨설팅을 해보면 한가한 투자자는 거의 없다. 많은 사람이 상가 투자자들은 시간 여유가 있다고 생각하는데, 실제로 만나보면 대부분 시간에 쫓기었다. 그리고 이런저런 상가 여러 개를 살 만큼 금전적으로 여유 있는 사람은 드물고 상가 하나를 구매하는 사람이 대부분이었다. 이런 이들이 시간을 내서 찾아간 곳에서 온갖 정보를 쏟아내니 제대로 된 판단을 내리기 어려운 것도 이해가 간다.

기존 수익형 부동산 플랫폼의 한계

그렇다면 정보를 효율적으로 얻고 활용해 현명한 투자활동으로 연결하는 방법으로는 어떤 것이 있을까? 여기서 상업용 부동산 전문 플랫폼에 대해 언급해보고자 한다. 정보가 많아지면서 쏟아지는 정보 속에서 유용한 정보를 고르고 자신에게 필요한 정보를 매칭해주는 큐레이션의 시대가 왔다. 이런 시기에 활용을 고려해볼 만한 것이 전문 플랫폼이다.

상업용 부동산이 아닌 원룸과 같은 주거형 부동산은 이미 플랫폼이 대중화된 상태이다. 수년 전부터 유명 연예인이 모델인 플랫폼들이 전방위적으로 알려지면서 원룸을 알아보는 이들이 해당 플랫폼을 사용하고 있다. 이런 플랫폼은 최근의 프롭테크(Prop Tech) 시대의 대표작이기도 하다. 프롭테크는 부동산(property)과 기술(technology)이 합쳐진 용어로, 정보 기술을 결합한 부동산 서비스 산업을 말한다.

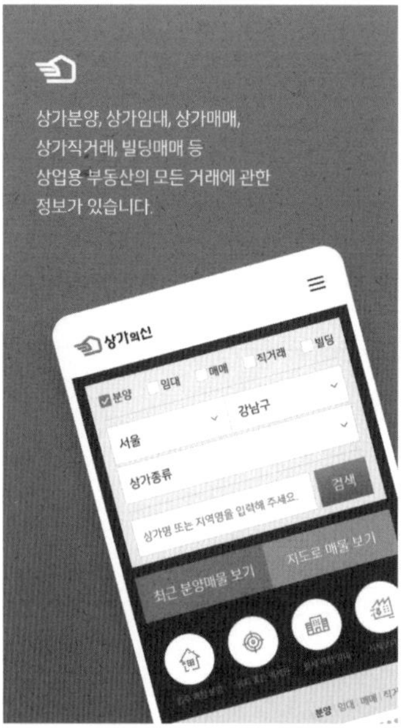

'상가의신' 모바일 홈페이지와 어플리케이션

수익형 부동산도 이러한 분위기에서 벗어날 수 없다. 그런데 사실 예전부터 상가 같은 수익형 부동산 정보가 모여 있는 홈페이지, 카페, 블로그 등이 있었다. 이들도 상가 정보를 제공하는 일종의 수익형 부동산 플랫폼이다. 그런데 이들은 여러 가지 이유로 한계가 있었다.

첫째, 잠시 활동 후 사라지는 곳이 많았다. 처음에는 의욕적으로 시작했다가 얼마 뒤 정보 제공을 멈추었다. 주로 분양영업을 하는 상담사나 공인중개사가 일시적으로 사업기간 동안 만들었다가 해당 사업 종료 후 정보 제공도 멈춘 경우이다. 이렇게 되면 데이터와 정보가 업데이트되지 않아 발길이 끊기게 된다.

둘째, 일정 지역만 대상으로 하여 정보의 제공이 한정적인 플랫폼들이었다. 이 역시 특정지역에서 사업하는 분양상담사나 공인중개사가 만들었을 가능성이 높은데, 해당 지역의 정보를 얻기에는 유용할 수 있지만 타지역에 대한 정보는 얻기가 힘들다.

셋째, 전 지역을 다 다룸에도 정보의 제공이 충분하지 못한 곳이 많았다. 분양상가와 매물상가의 가격정보를 제공하는 홈페이지들은 지금껏 존재해 있다. 이들 홈페이지에서 필요한 정보를 얻은 사람도 많고, 투자에 필요한 사항을 제공받은 사람도 많을 것이다. 같은 업계에 있는 사람으로서 유용한 내용을 정리하고 생산해내는 데 감사한 마음도 있다. 그렇지만 충분한 정보의 제공까지는 이르지 못했다는 평가가 있다. 대표적으로 가격 정보가 제한적이라는 의견이 많다. 관심이 있는 상가의 층별 최저가와 최고가, 평균가 등은 알려주지만 호실별 분양가격은 제공되지 않아 정확한 가격을 얻기 위해서는 홍보관을 방문해야 했다.

넷째, 주거형 부동산 전문 플랫폼의 신뢰도를 위협한 대표 사항이 허위물건인데 이는 수익형 부동산 플랫폼에서도 나타났다. 허위물건은 크게 둘로 나눌 수 있다. 하나는 전국의 정보를 취합해서 가공하다 보니 그 과정에서 오류가 발생하는 경우이다. 제공되는 정보량에 비해 정보를 확인하고 점검하는 관리자가 적어 오류가 나타나도 바로 시정되지 못한 것이다. 이미 판매된 매물이 바로 처리되지 않고 남아 있어 수요자가 헛걸음을 하게 한다. 또 다른 하나는 일종의 낚시물건으로 악의적 거짓물건이다. 낚시물건은 대부분 주변 대비 조건이 월등히 좋다. 이들 물건을 보고 누군가 연락을 하면 일단 현장에 오라고 한다. 설레는 마음으로 수요

'상가의신' 유튜브 방송

자가 찾아가면 해당 물건은 바로 전에 나갔고 대신 다른 물건이 있다면서 자신들의 물건을 내미는 식이다. 이는 부동산 업계에서 오랫동안 고질적 문제로 여겨지는 것이기도 하다.

다섯째, 다양한 환경에서 사용 가능한 플랫폼이 부족하다. 온라인, 오프라인, 어플리케이션을 두루 갖추고 있으면 접근이 편리하다. 유튜브, SNS 등 다양한 채널을 운영하면 더욱 다가가기 좋다. 현재 여러 채널을 충실하게 다루는 플랫폼은 부족한 편이다.

수익형 부동산 플랫폼의 요건

이번에는 유용한 수익형 부동산 플랫폼이 갖춰야 할 조건을 살펴보자. 첫째, 꾸준히 지속적으로 운영되는 업체의 플랫폼이 신뢰도 측면에서 바람직하다. 단순 유지에 그치는 것이 아니라 지속적으로 새로운 정보를 업데이트하는 곳이 낫다. 플랫폼을 운영하는 업체에 대해 살펴보는 것도 바람직하다. 운영업체가 긴 시간 상업용 부동산 관련 사업을 수행하고 해당 사업을 진행해온 곳이라면 신뢰도 검증에 도움이 된다.

둘째, 특정 지역을 다루는 것보다 여러 지역을 다루는 플랫폼이 바람직하다. 일정 지역만 취급하는 플랫폼은 정보의 양이 한정적이라는 단점이 있다. 특히나 지역을 선정하기 전까지는 여러 지역을 동시에 비교하며 검토해야 하는데 일정 지역의 물건만 다루고 있으면 사용에 불편함을 느낄 수 있다.

셋째, 세밀한 정보가 풍부하게 제공되는 플랫폼이어야 한다. 단순히 상가명과 간단한 소개, 대략적인 가격대와 연락처만 나와 있다면 효율적인 정보 취득에 어려움이 있을 수 있다. 가격을 비롯한 구체적 정보가 세밀하게 나와 있으면 큰 도움이 될 것이다.

넷째, 허위물건에 대한 모니터링 및 제재가 잘 이루어지는 플랫폼이 좋다. 단순 실수가 되었든 악의적 목적이 되었든 허위물건은 투자자들의 에너지를 빼앗는 요인이다. 허위물건으로 인해 헛걸음을 하게 되면 해당 물건뿐 아니라 수익형 부동산, 더 넓게 보면 부동산 시장 전반에 대한 신

다양한 매물이 등록되어 있는 상가의신 플랫폼

전체	일반분양	선임대분양

1층	B1층	B2층

해당층 전용률 37 % | 해당층 점포수 106 개 | 해당층 면적 10789.80/3263.90 (㎡/평)

층수	호수	적합업종	분양면적(㎡/평)	전용면적(㎡/평)	평단가(만원)	분양가(만원)	보증금/월세 (만원)	수익률(%)
1	1001	전체	89.85/27.18	33.65/10.18	4,399	119,577	-	-
1	1002	전체	84.17/25.46	31.50/9.53	4,300	109,497	-	-
1	1003	전체	108.46/32.81	40.60/12.28	4,199	137,786	-	-
1	1004	전체	86.94/26.30	32.56/9.85	4,400	115,730	-	-
1	1005	전체	70.31/21.27	26.31/7.96	4,400	93,596	-	-
1	1006	전체	87.17/26.37	32.63/9.87	4,399	116,010	-	-
1	1007	전체	80.40/24.32	30.12/9.11	4,600	111,891	-	-
1	1008	전체	54.15/16.38	20.26/6.13	4,400	72,087	-	-
1	1009	전체	54.15/16.38	20.26/6.13	4,400	72,087	-	-
1	1010	전체	125.55/37.98	47.01/14.22	4,299	163,309	-	-
1	1011	전체	64.79/19.60	24.26/7.34	3,499	68,596	-	-
1	1012	전체	68.36/20.68	25.59/7.74	3,699	76,512	-	-
1	1013	전체	59.01/17.85	22.12/6.69	3,700	66,058	-	-
1	1014	전체	35.97/10.88	13.45/4.07	4,201	45,713	-	-

출처 : 상가의 신 https://www.arcadegod.co.kr

뢰를 잃게 된다.

다섯째, 의욕적이고 활발하게 다양한 채널을 활용하는 플랫폼이 좋다. 해당 환경이 빠르게 변하면서 유튜브를 비롯한 여러 채널이 활용되고 있다. 트렌드에 맞춰 다양한 시도를 하는 플랫폼이 수요자의 접근이 편리할 것이다.

여섯째, 사용이 편리해야 한다. 누구나 언제 어디서나 간편하고 쉽게 사용할 수 있는 플랫폼이 좋다. 수요자가 정보를 확인하는 방식, 등록자가 물건을 업로드하는 방식이 편리해야 한다.

일곱째, 관리가 잘 이루어지는 플랫폼이어야 한다. 단순히 출시와 서비스를 오픈했다고 해서 플랫폼이 잘 돌아가는 것이 아니다. 꾸준히 오류를 점검하고 불편한 점을 고치려고 하며 사용자들의 의견을 잘 반영되는 플랫폼이어야 편리하게 활용할 수 있다.

여덟째, 사용에 대한 문의뿐 아니라 투자 관련 자문이나 컨설팅 요청이 가능한 플랫폼이라면 여러 가지 도움이 된다. 투자 정보를 활용하다 보면 컨설팅을 받고 싶을 수 있는데 이때 플랫폼에서 컨설팅을 연결해줄 수 있다면 투자자 입장에서 매우 편리하다.

04

상가 투자 결정 과정마다 점검하라

평소 잘 알고 지내는 상가업계 전문가에게서 온전히 상가 투자라는 주제로 책 한 권을 채운 경우는 극히 드물다는 말을 들었다. 나는 20여 년의 경력이 있어서인지 상가 투자 내용으로 책 한 권으로는 부족하다고 생각한다. 매주 틈틈이 칼럼을 써오면서도 하고 싶은 얘기, 전달하고 싶은 내용이 끝이 없다고 느낀다.

그런데 가장 걱정되는 것은 투자자의 결정과 관련된 부분이다. 그래서 이번에는 상가 투자 결정 과정을 간단히 정리해보고자 한다. 앞에서 다룬 내용과 다소 중복되는 부분이 있더라도 정리 차원에서 살펴보면 결정적 순간에 결정에 도움이 될 것이다.

투자목적을 명확히 세운다

상가 투자 전에 목적을 명확하게 해야 한다. 크게 시세차익, 임대수익, 증여가 상가 투자의 목적이 되는데, 이중 어느 부분을 중점으로 두고 있는지 확실히 정해두는 것이 좋다. 물론 결과적으로 2가지 또는 3가지 목적을 동시에 이룰 수도 있지만 처음에는 하나의 목적을 가지고 접근하는 것이 좋다.

참고로 상가 투자 컨설팅 과정에서 지켜보면 요즘 대부분의 투자자들은 임대수익에 중점을 두고 있다. 그리고 단기간으로 큰 차익을 올리는 것보다는 안정적으로 꾸준하게 수십 년간 롱런하는 것에 대한 선호도가 높다. 투자에 대한 시각도 시대 흐름에 맞춰 변화하고 있는 것을 알 수 있는 대목이다.

투자금액, 대출 비중을 정한다

상가 투자를 위해 어느 정도 금액을 투입할 것인지에 대해서도 미리 정하는 게 좋다. 단순히 알아봐야 하는 상품의 범위를 줄이기 위해서라기보다 집중적이고 효율적인 탐색을 위해서이다. 상가 투자 컨설팅이나 강의를 접해보았다면 아마 투자금액대를 묻는 질문이나 질문지를 받은 적이 있을 것이다. 이것은 당시자의 재산 정도를 파악하려는 것보다 타점을 좁히려는 이유가 크다.

투자금액대는 세밀하게 정하는 것이 좋은데 절대로 무리한 금액을 설정해서는 안 된다. 상가 투자는 장기전인 만큼 감당할 수 있는 금액으로 다가가야 한다. 투자금액대 설정에서 빼놓을 수 없는 것이 대출비중이다. 상가는 실투자금액 축소와 레버리지 효과를 위해 어느 정도 대출을 끼고 투자하는 게 좋다. 그렇지만 그 비중이 너무 높으면 곤란하다.

영업사원이나 공인중개사 중에서 적은 실투자금액으로도 매수가 가능하게 하기 위해 많은 대출을 권유하는 일이 있는데, 이는 절대적으로 주의가 필요하다. 공실이라는 변수가 있기 때문에 대출 비중을 높게 잡지 않는 것이 중요하며 보통은 30% 정도로 대출 비중을 잡는 것이 추천된다.

투자대상을 물색한다

물색은 '어떤 기준으로 거기에 알맞은 사람이나 물건, 장소를 고르는 일'이라는 의미이다. 투자목적이나 투자금액, 대출 비중을 세세하게 정했으니 이제 본격적으로 투자대상을 찾아다닐 시간이다.

상가를 이제 막 알아보는 단계에서는 금액대에 맞는 상가를 여러 군데 보는 것이 좋다. 분양사무실이나 현장, 공인중개사, 상가 전문가, 수익형 부동산 전문 어플리케이션 등을 통해 접한 정보를 바탕으로 상가를 직접 찾고 공부하며 스스로에게 맞는 상가를 찾아본다.

이 과정에서 선호하는 지역대, 선호하는 층 수, 선호하는 입지 형태 등을 파악하게 되고 상가를 보다 세밀한 관점에서 볼 수 있게 된다. 이 시기에는 다소 시간과 체력이 소모될 수 있으므로 안배를 잘하는 게 중요하다. 의문사항이나 막히는 부분이 있으면 전문가들에게 도움을 구해 바로바로 궁금증을 해소하는 것이 좋다.

현장 방문 및 자료를 확인한다

상가를 알아보는 과정에서 현장 방문은 결코 생략해서는 안 된다. 상가 투자에게 있어 현장은 많은 힌트를 안겨주는 장소이다. 상가 투자 현장 투어를 진행하다 보면 모르는 것을 알게 되었다고 하는 사람이 많다. 그렇지만 모든 현장을 다 방문해볼 수는 없으므로 전 단계에서 본인에게 맞는 상가를 판단해 선별적으로 살펴보는 것이 좋다.

현장에 가서는 단순히 상가나 땅만 둘러보고 오는 것이 아니고 인근 공인중개사사무소 등을 방문하면서 두루두루 정보를 취득할 필요가 있다. 그리고 분양상담사나 공인중개사가 얘기한 내용과 실제 현장 상황이 맞는지 확인하는 것도 중요하다. 특히 개발예정 사항은 관공서 등을 방문해 직접 개발계획이 이루어지고 있는지를 확인한다.

결정하기 진에 전문가 상담을 한다

상가는 다양한 종류가 있으며 변수도 많다. 그러다 보니 과연 옳은 선택을 하는 것인지 그렇지 않은 것인지 혼돈과 혼란을 적지 않게 겪을 가능성이 높다. 분양상담사 또는 공인중개사는 분양과 매수행위를 일으키기 위해 상가의 장점을 부각시키는 데 주력할 확률이 크다. 그렇기 때문에 객관적인 시각에서 상가를 평가해줄 전문가의 의견을 들어보는 것이 좋다.

전문가는 각종 매체 등의 기고, 저서, 기타 투자 관련 활동 등을 참고하면 신뢰할 만한 인물인지 판단하는 데 도움이 된다. 다만 전문가라고 해서 맹신해서는 안 된다. 전문가의 의견에 대해 심도 있게 고려하는 것은 좋지만, 결국 최종 판단은 본인 스스로가 결정해야 한다. 평소 신문이나 방송, 유튜브, 플랫폼 같은 여러 경로를 통해 전문가의 시각에 관심을 두는 것이 중요하다.

장기적 관점에서 투자를 결정한다

상가에 대해 충분히 생각하고 현장을 다녀보고 전문가의 의견을 들어보았다면 장기적 관점으로 신중하게 투자 결정을 해야 한다. 미래를 예측한다는 것은 상당히 어려운 일이지만 반드시 필요한 작업이다.

또 상가 투자는 급하게 나서지 말고 신중한 자세가 요구된다. 다시는 이만한 상가를 얻지 못할 것 같다는 불안감에 성급해질 수도 있는데 마음가짐을 잘 다스리며 여유를 찾는 것이 좋다. 상가 투자를 결정할 때 신중에 신중을 기하는 햄릿형 투자자와 생각을 상당히 짧게 하고 바로 투자에 들어가는 돈키호테형 투자자를 모두 겪어보았다.

그렇다고 신중에 신중을 기하는 햄릿형이 무조건 좋다고만은 할 수 없다. 상가 투자는 특성상 비용이 적지 않게 드는데, 상가 투자를 하지 않았다고 해서 비용이 들지 않은 것은 아니다. 상가 투자를 알아보는 과정에서 발생하는 금액도 비용이라고 할 수 있다. 상가 투자 결정 과정에만 너무 신경을 쏟다가 다른 투자 찬스를 놓칠 수도 있다. 최고의 상가만을 기다리다 시간을 무한정 보내는 것보다는 완벽하지 않더라도 수용할 수 있는 정도의 상가를 골라 투자하는 것이 더 나을 수 있다.

투자 후 활동으로 실속 챙기고 가치를 높인다

상가 투자를 했다고 이제 준공이나 월임대료만 기다리며 관심을 끊는 것은 곤란하다. 세금 관련 부분을 준비해 나중에 우왕좌왕하는 일이 없도록 하는 것은 기본이다. 세금은 기본적으로 구매 시 취득세, 보유 시 종합소득세 및 재산세 등을 들 수 있다. 그 밖에 분양상가가 아닐 경우 중개수수료가 있고 공실이라면 관리비도 대납해야 한다. 여기에 매입 시 은행 대출을 받기 때문에 대부분의 투자자는 매달 돌아오는 대출 이자까지 잊지 말아야 한다.

무엇보다 상가 투자자는 공실을 막기 위한 노력을 게을리하면 안 된다. 공실은 상가 투자자에게 치명적인 부분이기 때문에 단순히 주변 공인중개사나 관리자 등에게만 맡겨놓는 것은 바람직하지 않다. 투자자의 반경에서 지나치게 동떨어져 있는 지역의 상가 투자에 대해서 주의를 환기한 적이 있는데, 이것은 투자 후 활동에서 다소 어려움이 발생할 수 있기 때문이다.

공실을 막기 위해서 본인이 직접 나서면 도움이 된다. 수시로 임대차 여부를 적극적으로 확인하는 임대인이 공인중개사의 마음을 얻어 한 명이라도 예비 임차인 소개가 더 이루어질 가능성이 높다. 만약 상가가 비어 있다면 비어 있다는 이유로 방치만 하고 있지 말고 깔끔함을 유지해야 수요자들의 연락을 받을 확률이 커진다. 가능하다면 임대인의 수요자인 임차인들이 좋아할 만한 인테리어에 일정 금액을 투자하는 것도 나쁘지 않다.

당장 공실인 상황에서 새로운 투자를 하는 것이 쉽지 않겠지만, 개인적으로 아는 임대인 중에 공실 상황에서 건물 내부 바닥이나 조명 등을 바꾸고 머지않아 임차인을 맞이하는 경우를 적지 않게 보았다. 이것은 일반 아파트에서 리모델링이나 수리를 하면 조금 더 빠르게 세입자를 구하는 것과 비슷하다. 이것은 가치를 높여서 임차인의 수요를 자극하고 임대료 협상도 유리하게 가져갈 수 있는 방식이다. 인테리어 비용이 만만치 않지만 어느 정도 DIY로 병행하면 체력 및 시간이 소요되더라도 비용은 그렇게 부담되지 않는 선에서 분위기를 크게 바꿀 수 있다.

임차인이 있다고 해서 무조건 임대차계약을 진행하기보다 임차인이 상가를 잘 운영해서 임대료를 잘 지불할 수 있을지 등도 직접 만나서 판단하고 확인해보면 좋다. 아울러 임차인과 계약이 이루어지면 장사가 잘 진행될 수 있게 불편한 사항이 없는지 확인해서 가능한 범위 내에서 불편함을 없애주는 게 바람직하다. 임대인과 임차인은 동반 상승이 가능한 공생관계이다. 임차인이 영업에 집중할 수 있게 해서 영업이 잘되면 임대인에게도 이득이다. 임차인이 상가 자체에서 불편함과 불만이 가득한 채 지내게 하는 것은 썩 좋은 모습이라 보기 어렵다.

5장

상가 투자자가 몰라서는 안 되는 창업·상권

01

상가 투자자가 창업을 알아야 하는 이유

내가 상가 투자자에게 강조하는 사항이 있다. 바로 상가 투자자는 창업과 상권에도 관심을 기울여야 한다는 점이다. 다른 상가 투자자보다 유별날 정도로 이 부분을 강조하는데, 이는 임대인이 임차인의 심정을 이해하는 것이 중요하다고 생각하기 때문이다.

굳이 직접 창업을 해보고 임차인의 시기를 보낼 필요까지는 없겠지만 임차인의 상황과 창업자의 환경을 이해하는 것은 분명 임대인에게 긍정적으로 작용한다. 투자자는 투자만 하고 끝나는 것이 아니고 사실상 그 이후부터가 더 중요하다.

창업시장을 알아야 공실에 대비한다

임대인이 창업시장을 알아두면 좋은 이유는 기본적으로 임대인의 수요자가 임차인이기 때문이다. 공급자가 수요자를 잘 알고 파악하면 성공할 가능성이 높아지는 것은 당연하다. 그런데 이 수요자인 임차인이 창업자이기 때문에 공급자도 창업 시장을 아는 것이 좋다. 특별히 상가공급이 수요에 비해 아주 부족한 특수한 경우일 때, 즉 임차인이 줄을 서 있을 때는 창업자들이나 창업시장에 관심이 없어도 큰 지장이 없다. 하지만 주요 상권에도 공실이 나타나고 있는 요즈음 그런 임대인은 일종의 간 큰 임대인일지 모른다.

기본적으로 임대인이 창업 트렌드를 익히고 있으면 보다 효율적으로 공실도 줄이고 좋은 조건에서 임대차계약을 맺는 데 유리하다. 당연히 우량한 임차인을 골라야 지속적으로 안정적 수익을 얻기에도 편리하다.

상가 투자자가 직접 창업자가 될 수도 있다

상가 투자는 최대한의 효율성을 찾는 활동이다. 상가를 구매하기 전에도 효율성을 따지지만 구매한 이후에도 어떻게 운영하는 것이 도움이 되는가를 두고 한참을 고민하며 효율성을 따지게 된다. 이 과정에서 공실이 지속되는 상황이 향후 임대료 부담 없이 자금 경쟁력 있는 창업을 생각한다면 상가 투자자가 직접 창업자가 될 수도 있다.

이는 상가시장에서 그렇게 드문 경우가 아니다. 아파트도 전세나 월세를 주기 전에 주인이 직접 살면서 관리를 하는 일이 있듯이 상가시장에도 공실기간이 길어질 것 같을 때 직접 창업하는 게 유리하다고 생각할 때, 가격 경쟁력을 바탕으로 직접 창업에 대한 목적이 있을 때 본인 또는 가족이 해당 상가에서 직접 창업하는 일이 있다. 직접 창업을 위한 상가 매입은 특히 병원에서 많은 편이다. 병원 입지 컨설팅을 실시하면 임대를 희망하는 의사도 있지만 직접 병원 점포를 분양하거나 매매해 운영하려는 사람도 꽤 된다.

창업자가 바라보는 상권을 알아야 상가가 보인다

대부분의 창업자는 생계형이 많아 목숨을 걸고 창업에 임한다. 준비과정부터 유지과정까지 최선과 열정을 다하는 것이 일반적인 창업자의 모습이다. 특히 좋은 자리를 얻기 위해 온갖 노력을 기울인다. 창업자는 자신의 미래가 달려 있기 때문에 상권 파악에 심혈을 기울인다. 임대인은 이런 수요자의 입장을 알고 상권 분석에 관심을 기울이는 것이 좋다. 목숨 걸고 나서는 창업자의 자세로 상권을 판단하면, 해당 상가에 들어오는 임차인도, 상가의 주인인 임대인도 함께 성공할 확률이 높다.

하지만 기존의 창업시장 및 상권에 대한 관심이 부족했다면 상권 분석을 하는 게 쉽지 않은 것이 정상이다. 상권 분석 전문 사이트를 이용하거나 전문가에게 도움을 요청해 상권 분석을 의뢰하는 것도 좋은 방법이다. 전문가의 도움을 받더라도 강 건너 불구경하는 식의 자세는 금물이다. 투자자도 상권 분석 현장에 적극적으로 참여해서 분석 과정을 함께 면밀히 검토해보고 자신의 것으로 습득해야 한다.

02

상가 투자자가 알아두면 유용한 상권 분석법

상권 분석 시 무엇을 체크해야 할까? 막상 투자자들에게 상권 분석을 하라고 하면 무엇을 어떻게 해야 할지 막막할 수 있다. 기본적으로 상권 분석 시 다음을 확인하면 좋다.

- 상가가 번화가 및 중심상권, 오피스지역, 주택가, 아파트단지, 학원가, 대로변입지, 유원지 입지 등 어떤 입지에 속하는지 분류한다.
- 상주하는 인구와 유동인구 등을 구분해 통행량을 조사한다.
- 사람이 모이는 장소인지, 단순히 지나가는 장소인지 살핀다.
- 상권 내 입주 점포들의 상품가격, 객단가, 매출, 고객층을 세분화하여 구체적인 데이터베이스를 만든다.

상권·입지 분석 시 체크 사항

1. 고객 조사
   ① 인구 밀도 : 고정인구(세대수, 빌딩수 등), 유동인구(요일별, 시간대별)
   ② 연령 구성 : 10대, 20대, 30대, 40대, 50대 60대 이후, 가족형, 연인형, 1인 가구
   ③ 성별 구성 : 남, 여
   ④ 소득 수준 : 직업별(상, 중, 하)
   ⑤ 주거 형태 : 아파트, 연립, 오피스텔, 단독주택(자가, 전세, 월세 등)
   ⑥ 구매 습관 : 일단위, 주단위, 월단위, 연간단위 구매 회수(외식횟수 등)
   ⑦ 소비 집단 : 학교, 지역민, 관공서, 기업(오피스), 방문객 등

2. 집객 요소
   ① 고정 상권 : 주거 밀집지역, 오피스타운
   ② 유동 상권 : 쇼핑, 교통, 관광 등

3. 시간대별 조사(소비층 비율, 소비 규모, 선호 업종)
   ① 오전 : 출근길 포함한 오전 상주인구 소비 형태
   ② 오후 : 점심시간 포함한 상주인구 소비 형태
   ③ 야간 : 퇴근길 포함한 상주인구 및 유동인구 소비 형태

4. 점포 환경
   ① 인근 업종의 구성
   ② 경쟁 점포 수와 경쟁력 등
   ③ 입지 여건 : 고객 접근성 편리(대중교통, 자가용, 도보)

5. 상권 전망
   ① 상권 쇠퇴 또는 팽창 확장
   ② 교통시설 변경 및 개발 여부
   ③ 도로개설 여부, 키 테넌트(key tenant) 여부

- 데이터베이스를 바탕으로 시간대별, 요일별, 날씨별, 연령층별 등 구체적 기준점을 정해 직접 상권 내에서 현장 조사를 한다.

눈여겨보던 후보지에 대한 상권 분석을 끝냈다면 수치화된 자료를 통해 가장 좋은 상권을 확인해볼 수 있다. 이때 뜨는 상권이 무조건 좋은 것도, 역세권이면 무조건 대박이 나는 것도 아니라는 것을 유의해야 한다. 단순히 좋은 상권을 찾고자 하면 유동인구가 많고 현재 확장 중인 상권이 이에 해당할 것이다. 다만 누가 봐도 좋은 상권인 만큼 상가의 임대가격도 높다.

상권은 최초 형성되면서 발달과 성장, 성숙, 쇠퇴의 순서를 거친다. 현재 시점에서 뜨는 상권이 있고 죽은 상권이 있지만, 아주 빠른 시기에 뜨는 상권이 안정화되고 죽어가는 상권이 완전히 죽어 소멸되기도 하므로 섣부른 판단을 해서는 안 된다.

상권 분석을 했다면 조사된 내용들은 꼼꼼히 적어 수치화해야 한다. 다소 어색하고 번거롭더라도 수치화해야 다른 상권의 점포 매물을 보았을 때 비교가 용이하다. 상권 조사를 할 때 처음에는 모든 점포가 다 눈에 들어오고 머릿속에서 비교 분석된 것처럼 느껴질 수 있다. 하지만 상권 분석을 한 군데만 하는 것이 아닌 이상 어느 순간 머릿속은 뒤죽박죽이 되고, 나중에 가서는 모든 점포매물이 비슷해 보일 수 있다. 그러다보니 막상 투자하는 점포는 그간 보아왔던 점포보다 조건이 밑도는 경우가 종종 있다. 상권 분석 결과가 무용지물이 되지 않도록 수치화해보길 바란다.

03

알아두면 투자자와 창업자가 모두 좋은 상권

중심 번화가 상권

중심 번화가 상권은 굵직굵직한 상권을 떠올리면 된다. 서울에서 대표적인 중심 번화가 상권으로는 명동, 강남역, 광화문, 홍대 등을 예로 들 수 있다. 이들 지역은 자타공인 국내 대표 상권으로 대형 프랜차이즈나 대형 기업에서 운영하는 브랜드가 많이 들어와 있고 임대료 수준도 매우 높은 것이 특징이다.

중심 번화가 상권에서 점포를 살필 때는 동선을 눈여겨보는 것이 바람직하다. 중심 번화가 상권이라도 모든 도로가 메인 상권은 아니므로 대표입지를 확인해두면 좋다. 그리고 가능하면 대표 입지 근방에 위치한 점포가 더 좋다.

중심 번화가 상권은 창업자들에게 적용되는 보증금과 임대료는 물론 투자자들이 부담해야 하는 분양가와 매매가가 높은 편이기에 이에 대한 점은 감안해야 한다.

오피스 상권

사옥이나 빌딩, 오피스텔 등이 밀집된 곳을 보통 오피스 상권이라 말한다. 오피스 빌딩이 많은 지하철과 버스 정류장을 중심으로 오피스 상권이 형성된다. 주요 고객층은 아무래도 해당 지역 빌딩에서 근무하는 회사원들이다.

오피스 상권의 특징은 매출시간이 집중된다는 점인데 대부분 출퇴근길, 점심시간, 퇴근시간 이후 등에 몰리게 된다. 특히 점심시간과 퇴근길 매출이 많은 비중을 차지한다. 한정된 점심시간에 식사수요가 많기 때문에 조리속도가 빠른 음식점이 많으며 미팅을 위한 전문 음식점, 커피 전문점 등도 많이 들어서는 편이다. 오피스 상권은 평일에 비해 주말 매출이 부진할 수 있기 때문에 이를 감안해서 접근할 필요가 있다.

대학가 상권

대학가 상권은 이름 그대로 대학교 주변으로 형성되는 상권이다. 대학가 상권의 수요층은 대학교에 재학 중인 학생, 교수, 교직원 등이며 이중 가장 큰 비중을 차지하는 것은 학생이다. 그러다 보니 20대 초반의 수요를 자극할 수 있는 젊은 감각의 가게들이 많은 것이 특징이다.

대학교 상권은 대규모 소비력을 보유한 시설이 근처에 있기에 대학교 이전은 상가시장에서 호재로 작용하고 대학교가 지역에서 떠나는 것은 악재로 작용하는 편이다. 아무래도 대학교 규모가 클수록 수요가 많을 가능성이 높아서 상가시장에서는 2년제보다는 4년제, 단과대학보다는 종합대학 등 정원이 많은 학교일수록 선호도가 높다.

서울에서 유명한 대학가 상권으로는 홍익대, 건국대, 연세대 등이 꼽힌다. 이들 상권을 보면 대학교 상권이 주변 직장인 수요 등을 대규모로 흡수하면서 대형 상권이 되는 형상이다.

대학교 상권에서 교통이 다소 불편해 대학교 인원만을 주 대상으로 하는 상권일 경우 방학과 주말에는 매출이 급감할 수 있다. 그리고 학령인구 감소 및 해외유학 증가 등으로 대학교 정원이 축소되거나 여러 이유로 대학교가 다른 곳으로 이전하게 되면 매출 및 임대에 타격을 입을 수 있다. 실제 같은 대학교 상권이라 해도 365일 활발한 곳이 있는 반면에 굉장히 위축되어 있는 상권도 있다. 대학교 상권도 오피스 상권과 비슷하게 점심시간대와 야간시간대 매출이 가장 많은 편이다.

주택가 상권

주택가 상권은 흔하게 쓰이는 표현이 아니어서 상가 투자자나 창업자에게 생소할 수도 있다. 주택가 상권은 주변에 오피스 등 사무시설이나 대학교, 행정기관 등 공공기관은 별로 없고 주택 등 주거시설이 몰려 있는 상권을 말한다.

학원, 놀이방 등 교육시설이 많고 마트, 옷가게, 커피숍, 공방 등이 많이 들어서 있는 편이며 다른 상권과는 조금 다르게 점포가 밀집되어 있기보다 드문드문 있는 것이 특징이다.

주 고객층은 당연히 인근에 거주하는 지역주민들이다. 특히 상대적으로 시간이 많은 주부들이 핵심소비층이다. 그래서 혐오시설이 없고 깨끗하고 소음이 적은 곳을 많이 선호한다. 주택가 상권은 폭발적인 확장력을 보이기는 어렵지만 의외로 단골고객 중심으로 안정적인 상가 운영이 가능한 경우도 많다.

동네 골목 상권

한적한 분위기에 작은 주택들 위주로 들어선 상권 형태를 동네 골목 상권이라고 한다. 과거에는 C급 상권으로 분류되어 별 다른 관심을 끌지 못했던 상권이기도 하다. 그런데 수년 전부터 개성 있는 골목 상권이 핫플레이스로 떠올랐고 어느 순간부터는 가성비 좋은 상권으로 평가받으며 젊은 창업자에게 주목받고 있다.

동네 골목 상권은 SNS를 통해 알려지는 것이 특징이다. 숨겨진 맛집과 이색적인 공방 등을 찾아다니고 이를 공유하는 젊은이가 무척 많은데 이들은 이면 도로나 좁은 골목에 있어도 SNS를 보고 찾아간다.

골목 상권은 화려한 인테리어보다는 개성 있는 콘텐츠 위주로 아기자기한 형태로 운영되는 것이 특징이다. 자신만의 독특한 아이디어나 손재주, 스토리를 가지고 있는 임차인의 성공 창업 가능성이 높다. 투자자 입장에서는 높은 임대료를 기대하기는 어려우므로 가격 경쟁력 있는 점포를 골라서 임대하거나 독창적 아이디어와 창업 의지가 있다면 직접 운영하는 것도 가능하다.

주7일 상권

주7일 상권은 입지적인 구분은 아니고 상권의 특징을 나타내는 용어 중 하나이다. 일주일 내내 활발한 상권을 나타낼 때 흔히 쓰이는 말이라서 긍정적인 느낌이 강하다. 주7일 상권은 매일같이 많은 매출을 기대해 볼 수 있기 때문에 창업자와 투자자 모두 선호한다.

보통 주말에도 수요가 많은 상권이 주7일 상권이 될 가능성이 높다. 주말에 인구를 끌어모을 수 있는 시설이나 장소가 있는 것이 좋다. 대표적인 것이 교회, 공원, 등산로 등이다. 이들은 주말에 많은 사람이 모이는 시설이다. 평일에 자체 상권이 있고 주말에 붐비는 또 다른 상권이 주변에 있으면 주7일 상권이 될 수 있다. 주중과 주말에 각기 다른 수요층을 통해 수익의 극대화할 수 있다는 것이 주7일 상권의 장점이다.

주7일 상권에서 좋은 입지의 점포를 구한다면 매일 좋은 매출을 얻을 수 있다는 기대감이 있지만, 그렇다고 주7일 상권에 있는 상가가 다 잘되는 것은 아니다. 평일과 주말 모두 어정쩡한 매출과 수입으로 별 다른 재미를 못 볼 수도 있다.

상가 위치와 다른 상권 범위

상권 조사를 할 때 상가가 있는 건물 위치를 기계적으로 따져 상권 범위를 산출하는 사람이 많다. 같은 건물에 있더라도 점포 업종에 따라 개별 점포 상권의 범위가 달라진다.

점포에서 판매되는 상품은 보통 전문품, 선매품, 편의품 등으로 나뉜다. 전문품은 전자제품, 자동차, 가구 등과 같이 구매하는 데 시간을 많이 투자하고 신중하게 결정하는 상품을 말한다. 선매품은 전문품 정도는 아니지만 상품을 비교하여 선택하는 상품으로 의류가 대표적이다. 편의품은 상품을 구매하는 데 그리 많은 생각과 노력을 할 필요가 없는 상품군으로 편의점이나 슈퍼마켓의 상품 등이 이에 속한다. 만약 같은 건물 1층 3개 점포에 각각 편의점, 스포츠매장, 자동차전시 판매장이 들어간다면 동일 건물에 있지만 개별 점포 입장에서는 상권의 범위가 서로 다른 것으로 봐야 한다.

보편적으로 편의점 상권 반경은 200m 이내이며 활성화된 상권에서는 반경이 50m가 채 되지 않는 점포도 많다. 반면에 스포츠매장은 주변 상권의 형성 정도에 따라 반경이 수 km에 달할 수도 있다.

같은 업종 내에서도 세부 사항에 따라 상권 범위가 달라지기도 한다. 음식점의 예를 들면 같은 점포일지라도 분식집이 입점하는 것과 오리전문점, 해산물레스토랑 등 전문음식점이 들어가는 것은 상권의 범위 측면에서 차이가 있다. 분식집의 상권 반경은 보통 해당 상권의 주변 지역 배후세대로 한정되지만 오리전문점, 해산물레스토랑 등의 상권 반경은 이보다 넓다.

완전히 같은 업종이라도 성격에 따라 상권 범위에 차이를 보이기도 한다. 같은 건물에 감자탕 음식점 두 곳이 입점해도 한 가게는 평범한 감자탕집이고, 다른 감자탕 가게는 전통이 오래되고 인지도가 있다면 서로 상권의 반경이 달라진다.

상권 범위는 매장의 규모와도 관련이 있다. 반드시 그런 것은 아니지만 매장 규모가 크면 상권 범위는 그만큼 넓어지고 매장 규모가 작으면 상권 범위도 좁아지는 것이 일반적이다.

04

창업 트렌드 현황과 예측에 관심을 기울여라

창업시장, 상가시장에 눈에 띄는 통계와 제도들에 관심을 가지는 것도 나쁘지 않다. 2018년 통계청 발표자료에 따르면 1인 가구 비중은 29.3%에 달한다. 1인 가구 비중은 앞으로 갈수록 늘어날 것으로 예측되고 있다. 그렇다면 1인 기업에 맞는 도시락 사업 등이 눈길을 모을 수 있을 것으로 보인다.

학령인구는 학교에 다닐 때의 학생들 숫자를 말한다. 이 학령인구는 드라마틱한 수준으로 감소하는 중이다. 현재도 결혼연령이 늦어지고 저출산 현상이 지속되고 있어 학령인구의 상승추세 전환은 쉽지 않아 보인다. 여기에 국내 학교 대신 외국 학교를 택하는 학생도 많다.

2019년 통계청 발표 장래인구추계 자료에 따르면 2019년 학령인구

지속적으로 감소하고 있는 학령인구(6~21세 801만 7,000명)

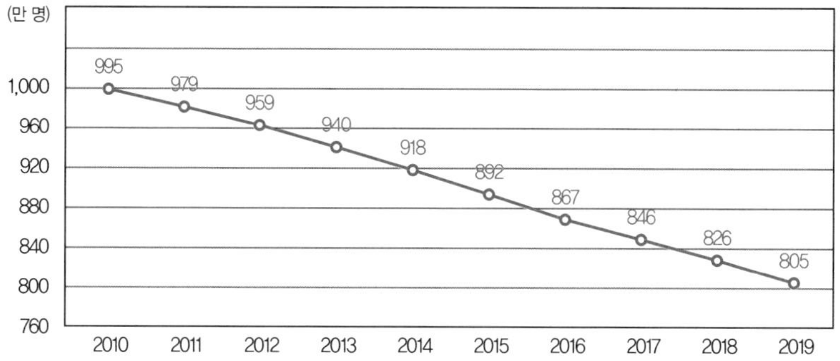

출처 : 2019년 KOSS(통계청, 장래인구추계)

(6~21세)는 약 805만 명이다. 학원이나 문구 등 관련 업종을 생각하고 있는 창업자나 상가 투자자라면 여기서 더 숫자가 감소할 것을 대비해 계획을 세워야 한다.

반면에 고령인구 비율은 계속 증가하고 있다. 총인구에 대한 고령인구(65세 이상의 인구)의 구성비는 갈수록 늘어나는 중이다. 고령인구 비중 흐름 증가 추세가 단기간 바뀔 것 같지 않다. 건강 관련 창업을 유망하게 보는 창업자가 많다.

K-POP 등 한류의 인기에 힘입어 외국인 방문객 추이도 눈여겨볼 만하다. 서울 내 몇몇 지역은 마치 외국의 한 도시처럼 느껴질 정도로 외국인 방문객이 많은 편이며 관련 소비도 일정 부분 창출되고 있다. 한국관광공사에 따르면 2018년도 국내 입국 외래객은 약 1,500만 명에 달한다. 2016년에 비해 감소한 수치이기는 하지만 2010년 이전에 비해 크게 늘

꾸준히 증가하고 있는 고령인구(고령인구 14.9%)

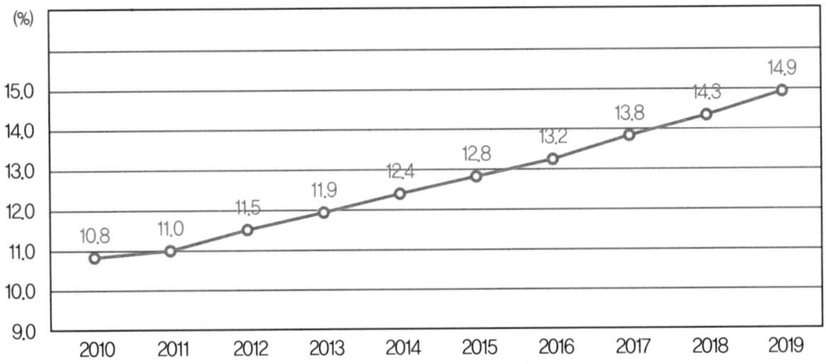

출처 : 2019년 KOSS(통계청, 장래인구추계)

한국관광공사에서 발표한 외래객 입국 통계

연도(년)	외래객 입국(명)	연도(년)	외래객 입국(명)
2005	6,022,752	2012	11,140,028
2006	6,155,046	2013	12,175,550
2007	6,448,240	2014	14,201,516
2008	6,890,841	2015	13,231,651
2009	7,817,533	2016	17,241,823
2010	8,797,658	2017	13,335,758
2011	9,794,796	2018	15,346,879

출처 : 한국관광공사

어난 수치를 꾸준히 유지하고 있다.

최저임금 인상 추이도 창업시장에 영향을 주는 통계이다. 2019년 최저임금은 시간당 8,350원이다. 10년 전인 2009년에는 4,000원 정도에 불과했다. 10년 사이에 2배 이상 오른 셈이다. 최저임금은 특성상 다시 내려가기보다 상승할 가능성이 높으며 인건비 지출이 큰 업종들은 이로 인한 흐름을 예의주시할 필요가 있다.

장기적으로 유망한 업종과 사라질 업종 예측에서 100% 정확성을 기대하기는 어렵다. 다만 경제신문과 뉴스 읽기, 관련 통계자료 연구, 그리고 시장 분위기 파악을 게을리하지 않는다면 유망업종과 그렇지 않은 업종의 예측력을 높일 수 있다.

대표적인 것이 앞서 인구통계를 바탕으로 봤을 때, 학령인구가 줄어들고 있기에 학생들을 대상으로 한 창업 경쟁력은 더 치열해질 것이며 반대로 고령인구는 늘어나고 있기에 고령자들을 대상으로 한 창업 경쟁력은 조금 더 수월해질 것으로 보인다. 외국인 방문객이 적지 않아 외국인 방문객 연관 창업도 인기를 끌 수 있고, 최저임금 상승으로 인해 인건비 부담이 큰 업종들의 구조조정이 예상되기도 한다. 다만 순간적으로 인기 있다고 그 업종을 따라 하는 것은 반짝 인기에 그칠 가능성이 높으므로 주의해야 한다.

05

점포의 가시성은 투자자에게도 중요하다

점포의 우선 조건은 눈에 잘 띄어야 한다는 것이다. 창업자는 가시성이 좋은 점포를 고르기 위해 애쓰므로 임차인의 입장에서 실제 현장에 가보는 것이 좋다. 완공된 건물이라면 실제 모습을 보고 판단할 수 있지만 그렇지 않다면 앞으로 들어설 모습과 주변 상황을 보고 잘 판단해야 한다. 현재는 가시성이 좋지만 향후 다른 건물들이 들어서고 상황이 변화되면서 악화되는 경우도 있으므로 여러모로 살펴보아야 한다.

같은 면적의 점포라도 도로를 기준으로 세로폭보다 가로폭이 넓은 곳이 간판을 길게 걸 수 있어 가시성 측면에서 유리하다. 또 점포의 실제 크기보다 간판을 크고 길게 달 수 있는 곳이 가시성이 좋다. 다음 사진은 서울에 있는 한 미용실이다. 실제 점포의 가로폭보다 간판을 길게 달아

점포의 가로폭보다 긴 간판으로 노출성을 확보한 간판

가시성이 높아진 것을 확인할 수 있다.

접근성은 말 그대로 고객의 접근 편의성을 나타내는 말이다. 접근성이 떨어지는 점포로는 사람들이 이동하는 도로에서 떨어진 곳에 있는 점포, 지면과 건물 사이에 계단이 있는 점포 등이 있다. 접근성을 객관적으로 판단할 수 있는 좋은 방법은 본인이 해당 점포의 창업자라고 생각하고 고객에게 가상으로 위치를 설명해보는 것이다.

"고객님. OO역 8번 출구로 나오셨어요? 그러면 50m 정도 걸어오시면 우측에 첫 번째로 보이는 골목이 있어요. 이 골목을 따라 들어오시다 보면 몇 분 뒤에 삼거리가 나타나요. 그 삼거리에서 우측으로 들어오시면 또 얼마 뒤 다시 삼거리가 나오거든요. 여기서 또 우측으로 쭉 걸어오시면 좌측 2층집 저희 점포 보일 거예요."

물론 지도 어플리케이션이 잘 발달되어 있어서 이렇게 설명할 일은 별로 없겠지만 접근성 측면에서는 다소 불리할 수 있다. 접근성이 꼭 역과 가까워야 좋은 것은 아니다. 지역 내 상징적인 공간과 인접해 있으면 굳이 역 근처가 아니라도 고객들이 쉽게 찾아올 수 있다.

가시성과 접근성이 다소 떨어지는 상황이라면 안내판, 입간판 등을 세워 점포의 존재감을 알릴 수 있다. 하지만 별도의 장치를 하지 않아도 접근성이나 가시성이 좋아야 창업에 더 유리한 것이 사실이기 때문에 입지 대비해 가격 면에서 장점이 크지 않다면 선택에 신중해야 한다.

임대인에게는 임차인이 되어 공실을 막아줄 창업자가 소중한 것처럼 창업자에게는 영업을 펼칠 상가점포가 중요하다. 따라서 임대인도 창업자가 많이 이용하는 공간이나 플랫폼에 대해서 관심을 기울여야 한다. 이러한 플랫폼은 창업자들의 취향과 생각, 니즈를 알 수 있는 장소이다.

창업자들이 모여 있는 곳에 가면 그들의 눈높이에 맞춰 창업자들의 희망사항과 니즈를 파악하기 용이하고 전반적인 임대시세 조사도 편하다. 이를 통해 수익률을 예상해볼 수도 있다.

특정 창업 콘텐츠가 계속 공급된다든지, 특정 지역 물건이 많다든지, 특정 지역 임대료가 갑자기 변한다든지 하는 것은 창업자들에게 유용한 정보이지만 임대인들에게도 소중한 정보가 된다. 역지사지라는 말은 임대인과 임차인의 관계에서도 통용된다. 임차인의 마음을 잘 읽어야 공실 해소 가능성이 높아진다.

06

창업자의 입장이 되어 알아보는 우량 임차인

창업자의 눈높이로 바라보면 우량 임차인과 그렇지 않은 임차인을 더 파악하기 쉽다. 창업시장과 창업흐름에 관심을 가지면 임차인에 대한 판단이 용이해진다. 그렇다면 어떤 임차인을 우량 임차인으로 볼 수 있을까?

첫째, 수요가 많고 미래 창업시장 전망이 밝은 업종을 운영하는 임차인이다. 업종은 부침이 심한 편이다. 약 15년 전의 상가 모습과 지금의 상가 모습을 비교해보면 비디오가게, 오락실, 책 대여점, 보드게임방, 서점 등 업종 자체가 급격히 위축된 것이 적지 않다. 반면에 은행이나 병원 등은 과거나 지금이나 큰 변화가 없는 업종에 속한다. 과거에는 존재하지 않았던 코인노래방 등이 곳곳에 자리 잡고 있기도 하다.

창업자의 시각에서 바라보면 이들 업종의 부침에 대해 조금 더 선명하게 바라볼 수 있다. 가능하다면 수요가 많고 안정적이며 앞으로도 전망이 나쁘지 않은 업종의 임차인을 선택하는 것이 유리하다.

둘째, 자격증이 있는 업종은 상대적으로 경쟁에 강하다. 자격증을 보유해야만 창업할 수 있는 업종은 기본적인 진입장벽이 존재한다. 대표적인 업종이 병원, 약국, 동물병원 등이다. 그 밖에도 공인중개사나 미용실도 자격증이 필요하다. 반면에 커피숍이나 음식점, PC방 등은 자격증 없이 누구나 진입이 가능하다. 자격증이 존재하고 그 자격증을 취득하는 게 어려울수록 창업 경쟁력은 상대적으로 높아진다. 다만 부동산중개업의 경우 플랫폼의 등장으로 약화될 것으로 보인다.

셋째, 영업력이 우수한 임차인이 좋다. 장사가 잘돼야 임대료를 밀리지 않고 낼 수 있다. 그러기 위해서는 임차인의 영업력이 중요하다. 이것은 업종을 가리지 않는 사항이다. 같은 업종을 영위하더라도 영업력이 우수해 많은 고객을 끌어모으는 곳이 있는가 하면 영업력이 약해 고객 방문이 극히 적은 곳이 있다.

넷째, 노력하는 임차인의 선택이 바람직하다. 성공을 위한 노력을 아끼지 않는 임차인이라면 운영이 잘될 가능성도 높고 더불어 해당 상가의 활성화를 시키는 데도 긍정적 효과가 있다. 당연히 임차인은 해당 점포 운영에 전념해야 하며 다른 일과 병행하면 아무래도 집중력이 약해져 창업도 어려워질 수 있다.

다섯째, 스스로 경쟁력을 가진 임차인일수록 좋다. 유명 프랜차이즈점이라고 해서 무조건 수익이 좋고 안정적인 것은 아니다. 오히려 가맹비,

인테리어비용 등으로 수익이 더 약한 경우도 많다. 어떤 업종이든, 어떤 브랜드이든, 해당 업종에서 경력과 지명도를 보유하고 있고 실력을 갖추고 있다면 신뢰가 높아질 수밖에 없다. 이는 특히 편의점과 같이 주변 상권만을 대상으로 하는 업종이 아닌 상권의 범위가 상대적으로 넓은 업종에서 더 두드러진다. 예를 들어 스포츠용품점이 경쟁력을 갖추면 전국에서 동호인이 방문하기도 한다.

다만 다른 곳보다 가격이 싸다고 해서 경쟁력 있는 임차인이라 하기는 어렵다. 가격이 상당히 중요한 요소이기는 하지만 꾸준히 지속적으로 남들보다 낮은 가격을 유지할 수 있는 능력이 있지 않은 이상 단기적인 할인은 오히려 생명력 짧은 자영업자의 특성이다.

여섯째, 생활반경이 점포로부터 너무 먼 임차인은 유의하는 것이 좋다. 주변의 창업자들을 보거나 최근의 창업시장을 살펴보면 알겠지만 점포 운영은 노력과 체력이 병행되어야 한다. 그런데 창업자의 생활반경이 점포에서 거리가 멀면 아무래도 에너지 소모가 더 커 상대적으로 경쟁력이 약해질 수 있다. 이는 수험생 학부모들이 학교나 학원 주위로 이사 오는 이유와 비슷하다.

일곱째, 시세에 비해 보증금이 지나치게 높고 임대료가 지나치게 낮으면 유의해야 한다. 보증금은 충분하지만 매달 내는 임대료 수준이 낮다는 것은 꾸준한 매출에 자신감이 부족한 경우가 많다.

여덟째, 과도한 시설이 투입되는 업종은 가능성을 잘 살피는 것이 좋다. 최악의 경우 임차인이 영업이 잘 안 되어 떠날 경우, 임대인은 새 임차인을 선택할 수 있는 기회가 있다. 그런데 과도한 시설이 투입되면 원상 복구하는 데 시간이 걸리고 비용이 든다. 대규모 시설이 투자되어 다른 점포로 잘 이동하지 않는 카센터 같은 업종을 장기적 임대차관계에 유리하다고 하는 경우도 있으나 오히려 부담이 될 수도 있으므로 잘 판단해야 한다.

좋은 입지의 상가를 선정하는 것도 중요하지만 임차인을 잘 선택하는 것도 굉장히 중요한 일이다. 임차인을 잘못 선택해 오랜 기간 골치를 앓으며 괴로워하는 임대인을 여럿 보았다. 반면에 임차인을 잘 만나 무탈하게 수익활동을 하는 사람도 많다. 창업시장과 창업자의 시각을 헤아려 임차인을 선별하려는 노력이 필요하다.

07

같은 상품도 어떻게 파느냐에 따라 다르다

같은 상품을 판매하더라도 상품 관리나 진열 방식에 따라 매출이 차이 날 수 있다. 불광동에 위치한 두 생선가게를 비교해보면 이를 확연히 알 수 있다.

두 생선가게는 왕복 4차선 도로를 사이에 두고 위치해 있다. 어느 한 쪽의 가게가 입지가 떨어지거나 우위에 있지 않고 비슷하다. 다만 상품 진열방식에서 차이를 보이는데 한 가게는 생선을 깔끔하게 관리하고 다른 가게는 흔히 주변에서 볼 수 있는 생선가게와 다르지 않게 평범하게 생선을 보관, 판매하고 있다.

깔끔한 생선가게의 경우, 생선을 유리판이나 투명 비닐로 덮어 벌레로부터 상품을 보호하고 있다. 상품 관리에 공을 많이 들여 생선가게에서

깔끔한 생선가게(좌)와 일반 생선가게(우)

흔히 볼 수 있는 구정물이나 비린내가 나지 않아 더 깔끔한 인상을 준다. 상품도 매일 공수하기 때문에 생선이나 해산물 상태가 매우 싱싱한 것을 한눈에 알 수 있다. 이 집은 실제 동네 주부들 사이에서도 생선이 싱싱하기로 유명하다.

깔끔한 생선가게 건너편에 위치한 일반 생선가게는 파리가 돌아다니고 바닥이 패인 곳에는 생선 내장이 섞인 구정물이 고여 있다. 비린내도 난다. 흔히 생선가게를 연상할 때 떠올릴 수 있는 전형적인 생선가게의 분위기와 위생상태를 보여준다. 일반 생선가게 분위기에 익숙한 연령대라면 생선가게의 위생상태를 크게 신경 쓰지 않을 수 있지만, 대부분은 깔끔한 생선가게를 더 선호할 것이다.

점포 영업자의 생각 전환도 필요하다. "생선가게는 원래 냄새나고 좀 지저분해서 괜찮아."라고 안주하기보다는 "기존 생선가게와는 차별되게 깔끔한 생선가게 분위기를 연출할 거야."라고 생각해야 한다. 같은 상품이라도 평균적인 것에 만족하지 말고 끝없는 변화와 혁신을 모색해야 치열한 창업시장에서 보다 빠르게 성공할 수 있다.

08

창업자라면 출근길보다 퇴근길에 주목하라

점포 창업자는 "유동인구가 많은 곳을 노려야 한다."라는 말을 귀에 못이 박히도록 듣는다. 그런데 단순히 유동인구만 염두에 두고 점포를 구하면 낭패를 볼 수 있다. 유동인구는 '이리저리 돌아다니는 한 지역의 사람 수' 정도로 풀이할 수 있다. 유동인구가 많으면 소비량이 늘어날 가능성이 높지만, 유동인구 전체가 소비를 한다고는 볼 수 없다. 드물지만 유동인구만 많고 소비는 거의 이뤄지지 않는 상권도 있다. 이것을 '유동인구의 함정'이라고 부르기도 한다. 유동인구가 중요하지만 그보다는 소비를 일으키는 유효수요가 더 중요하다.

유동인구가 유효소비인구로 이어지는지 파악하는 데 유용한 방법 중 하나는 소비가 많이 발생하는 시점인 퇴근시간을 집중해서 보는 것이다.

창업자 입장에서는 출근 동선보다 퇴근 동선상에 위치한 점포가 유동인구 확보나 수익성 측면에서 더 나을 수 있다. 출근길은 사람들이 하루 중 가장 빠르게 걷고 움직이는 시간대이다. 시간도 없거니와 소비를 하려는 욕구가 매우 약한 타이밍이기도 하다. 그러다 보니 출근길의 상가들은 그저 지나치는 사람이 많을 수밖에 없다. 그래서 창업시장에서는 이때의 유동인구를 단순히 '흘러가는 유동인구'로 표현하기도 한다. 실질적 유효소비 인구가 적은 동선인 셈이다. 반면에 퇴근길은 주변 상가를 둘러볼 시간적 여유가 생기기 때문에 점포의 매출 발생 가능성이 상대적으로 높아진다.

출근길과 퇴근길이 똑같은 경우도 많지만 달라지는 경우도 있다. 예를 들어 출근시간에는 최단거리를 위해 다소 불편한 길로 가더라도 퇴근시간에는 통행량이 많아 도보 이용에 제한이 되거나 좁고 어두운 골목길은 유동인구가 확연히 줄어든다. 그 밖에 집에 들어가기 전에 문화활동이나 쇼핑을 위해 출근길과 다른 길로 퇴근하는 경우도 있다.

특정 지역의 퇴근 동선을 파악하기 위해서는 저녁시간대에 직접 현장을 방문해 사람들의 이동 흐름을 파악하는 것이 제일 좋다. 창업 전 입지 분석 과정에서 출근 동선과 퇴근 동선은 충분히 파악 가능한 부분이다. 스스로 분석이 어려울 경우에는 전문가의 도움을 받는 방법도 있다.

09

상가 인테리어는 업종에 맞는 콘셉트와 고객 편의성이 중요하다

창업을 결정하고 제일 먼저 할 일은 인테리어일 것이다. 업종과 판매하는 상품에 적절하게 공간을 꾸미면 고객 호응도가 높아 매출 상승으로 이어진다. 상가 인테리어에서 체크해야 할 주요 사항을 살펴보자.

첫째, 상가 인테리어를 시작하기 전에 소방시설 설치 부분을 검토해야 한다. 해당 지역과 상가의 종류, 건물 내 상가 위치에 따라 소방법에 적용되는 것이 다르기 때문에 반드시 지자체 관련 부서에 문의해야 한다.

둘째, 점포의 바닥 상태도 체크해야 한다. 신축상가는 바닥 마감이 제대로 안 된 상태로 임대하는 일이 종종 발생한다. 이 경우 결국 임차인에게 바닥공사 비용이 부담되므로 사전에 건물주와 협의하거나 바닥공사 마감이 이루어진 상가를 구하는 것이 좋다.

셋째, 식당이나 카페 같은 업종은 급수와 배수 시설이 필수적이다. 상가를 구할 땐 항상 수도시설 유무와 위치를 확인해야 한다. 불가피하게 수도시설이 없는 상가를 계약했다면 공사를 해야 하는데 비용이 상당하다. 급수시설은 공사로 해결할 수 있지만 배수시설은 상가 내 관련 시설이 없다면 벽을 뚫어야 한다. 경우에 따라서는 바닥도 뚫어야 하므로 자칫 대공사로 이어질 수 있다. 이렇게 되면 아무리 저렴한 가격에 상가를 임대했다 하더라도 인테리어하는 데 더 큰 비용이 들어갈 수 있다.

주요 사항을 체크해보았다면 이제 점포에 맞는 인테리어 콘셉트를 정해야 한다. 이때 점포입지에 맞는 적정 비용을 산정하고 공사 업적과 신뢰도를 살펴보고 인테리어 업체를 선별한다. 식당 인테리어를 예로 들어보면 내가 운영하는 점포의 주요 메뉴와 주 고객 등을 고려하여 가장 적당한 콘셉트를 설정한 후 인테리어의 방향을 결정해야 한다. 무엇보다 외부 벽면과 내부 공간 활용도 효율성을 높일 수 있도록 설계한다.

앞으로의 관리도 함께 고려해야 한다. 식당은 청결이 중요한 업종인 만큼 식당 운영 시 발생되는 각종 오염을 피할 수 없다면 잘 지워지는 자재를 사용하는 것이 좋다. 특히 밝은색 계통의 벽체나 벽지는 음식물 등 오염물질이 잘 지워지지 않을뿐더러 변색의 위험이 크다. 고객의 유입을 늘릴 목적으로 주방에 비해 지나치게 홀의 크기를 크게 설정해도 문제의 소지가 발생할 수 있다. 홀의 크기가 커지는 만큼 동선 또한 커지게 되어 정작 손님들에게 빠른 서비스 제공이 어려워진다. 이런 이유로 식당 인테리어를 설계할 때에는 홀보다 먼저 주방공간을 확보하는 것이 좋다.

고객이 식당 인테리어를 통해 직관적으로 어떤 종류의 음식을 파는 곳인지 알 수 있어야 한다. 예를 들어 중국음식점이라면 붉은색을 키 컬러로 사용하는 경우가 많으며, 대나무나 아기자기한 고양이 인형 등이 진열되어 있다면 일식 전문점 이미지를 바로 떠올릴 수 있다.

의류매장은 판매하는 의류의 종류를 먼저 파악하고 이에 맞는 콘셉트를 결정한다. 아동복 판매 매장이라면 캐릭터를 배치하여 귀여운 분위기를 연출하고, 정장 판매 매장이라면 모던하고 깔끔한 소품 등을 배치하는 것이 좋다. 이처럼 각 의류 종류에 맞는 소품과 분위기를 고려해 진행해야 한다.

조명의 배치에 따라 분위기가 달라지고 매장을 넓어 보이게 만드는 효과가 있다. 공간이 협소한 의류매장은 천장에 주 조명을 배치하면 천장이 높아 보여 전체적으로 매장이 넓어 보이는 효과를 거둘 수 있다.

그렇다고 너무 미적인 인테리어에 치중해 고객의 동선을 방해해서는 안 된다. 매장 입구부터 전시된 옷을 쉽게 둘러볼 수 있도록 동선에 방해되는 요소를 최대한 배제하고 행거를 벽 안에 매립 시공하는 것이 고객의 동선 확보에 도움이 된다.

10

상가 등 수익형 부동산 및 창업시장 전망

시장전망은 항상 어렵고 조심스러운 부분이다. 나름대로의 자료와 근거를 바탕으로 예측하지만 급변하는 시장의 특성상 100% 정확하게 일치할 수 없다. 주식 전문가들이 내놓는 예상 주가 흐름도 번번이 틀릴 때가 많다. 내 생각이 잘못될까봐 걱정해서라기보다 미래에 대한 지나친 자신감이 위험할 수 있기에 아무리 유명한 전문가의 전망이라도 100% 신뢰하는 것은 금물이라는 점에서 하는 이야기이다. 투자에서 최종 선택 및 책임은 본인에게 있다는 것을 잊어서는 안 된다.

토지보상금 등을 통한 유동자금이 늘어나고 저금리 기조인 데다 아파트와 같은 주거형 부동산에 대한 규제가 심해지면서 상가의 분위기가 급격히 좋아질 것으로 예상하는 사람이 있다. 여기에 월세 수입을 위한 노후대비가 하나의 트렌드가 된 상황이기에 더더욱 이런 예상을 펼치는 사람이 늘고 있다.

그러나 나는 최근의 상가시장을 한마디로 '관망의 시기'라고 표현하고 싶다. 2020년에도 당장 드라마틱한 시장의 변화는 없을 듯하다. 상가시장의 전반적 분위기는 현재 수준을 유지하거나 오히려 조금 더 위축될 것이라고 본다.

이렇게 판단하는 주요한 근거는 현재의 경제 상황이다. 경기둔화가 이어지고 있고 이에 따라 주요 상권에서 공실이 적지 않게 발생하고 있다.

2019년 국세청의 국세통계 자료를 살펴보면 전체 자영업자는 2017년 634만 2,420명에서 2018년 673만 4,617명으로 39만 2,197명 증가한 것으로 조사되었다. 그러나 폐업한 자영업자 수를 보면 2017년 83만 7,714명, 2018년 83만 884명으로 엇비슷했다. 임차인의 폐업은 투자자에게는 공실의 위험성이 높아지고 임대료 시세에도 악영향을 미친다는 의미이다.

더욱이 자영업자들의 창업시장도 소비자들의 수요력이 썩 강하다고 보기 어려운 데다 과열경쟁이 나타나는 곳도 있어 그렇게 밝은 모습이 아니라고 판단된다. 경기회복과 창업시장의 긍정적 신호가 나타날 때 비로소 상가시장 전체가 호황의 모습을 보일 것이다.

그렇지만 성공적인 상가 투자의 길이 없는 것은 아니다. 분명하고 확실한 장점을 가진 상가에는 선별적인 관심이 모일 것이다. 따라서 투자자 입장에서는 성급하게 생각하기보다 장점을 가진 상가를 눈여겨보면 좋은 기회가 있을 것이다. 초역세권, 우량업종 선임대, 풍부한 개발호재 등을 가진 상가가 알뜰한 가격으로 나올 때 신중하게 예상수익률과 미래

가치를 계산해 접근한다면 효자상가를 만날 수 있는 기회가 될 것이라 예측한다.

또 골목 상권의 성공 등을 통해 얻는 교훈으로 독특하고 차별화된 콘텐츠를 보유한 상가는 입지에 큰 관계없이 성공의 기회가 열려 있다. 나는 상가 투자 강의를 할 때 "상가와 창업의 성공은 접근성, 사람, 콘텐츠에 있다."라고 말한다. 접근성이 우수하고 수요자가 많으며 차별화되고 경쟁력 있는 콘텐츠를 가지고 있다면 성공 가능성이 높아진다는 이야기이다.

상가 투자 관련 서적이지만 오피스텔 상담문의를 굉장히 많이 받고 있어 오피스텔에 대한 전망도 간단히 남겨보겠다. 오피스텔도 공급물량이 늘어나면서 임대료 인하 등의 현상이 몇몇 곳에서 발견되고 있다. 따라서 상가와 마찬가지로 신중하게 접근해야 한다.

오피스텔은 오피스나 거주자가 수요자가 된다. 그러므로 이들이 매력을 느낄 만한 오피스텔을 마련한다면 괜찮은 임대수익을 기대해볼 수 있다. 역 이용이 편리한 곳, 주변에 대규모 오피스나 대학교 등 인구 및 기업 밀집지역 등 임차인 확보가 유망한 지역에 있는 오피스텔을 경쟁력 있는 가격에 매수할 경우 좋은 결과를 예상할 수 있다. 다만 지역에서 과잉 공급은 아닌지 현장을 두세 번 방문하여 시장조사를 해야 한다.

부동산은 반드시 매입할 때 '매도하고 싶을 때 문제가 없을지'를 따져야 한다. 일정한 기간이 지나서 매입가보다 높게 매도하려고 할 때 쉽게 거래가 이루어지지 않는다면 투자가 잘못된 것이라 할 수 있다.

주택시장을 중심으로 한 규제정책 및 대출규제 등 주거형 부동산의 억

제책이 이어지면서 상대적으로 상업용 부동산에 대한 관심이 높아질 것으로 예상된다. 하지만 계속되는 경기불황 흐름과 공실률 증가로 활황을 기대하기는 어려워 보이므로 보수적으로 접근하길 권한다.

마지막으로 상가가 되었든 오피스텔이 되었든 저금리 기조는 유지될 것으로 보여 저금리를 바탕으로 한 레버리지 투자가 많이 행해질 것이다. 이때 지나친 레버리지 활용은 경계해야 한다.

에필로그

상가 투자의 성공을 기원하며

'상가의신' 출시와 사업운영을 병행하며 책을 쓰자니 절대적으로 시간이 부족했다. 그렇지만 주변에서 많은 응원과 격려를 해주어 원고를 완성할 수 있었다.

책을 쓰면서 다시 한 번 느끼게 된 것은 상가 투자는 결코 만만하지 않다는 점이다. 실패할 경우 겪는 피해와 고통도 큰 편이다. 이런 상황에서 길잡이와 가이드가 되어줄 사람이나 도구가 있으면 좋겠다는 생각을 많이 했다. 신뢰할 만한 수익형 부동산 전문 기업의 존재가 절실히 필요하다는 생각도 했다.

내가 '상가의신'이라는 플랫폼을 내고 책까지 쓴 것은 믿음직한 안내자가 되어보자는 생각에서였다. 상가 투자를 비롯한 수익형 부동산의 길에서 헤매고 있는 사람들에게 하나의 등대와 같은 존재가 되었으면 하는 게 내 바람이다. 그런 마음을 가지고 한 자 한 자 쓰다 보니 결국 원고를 마감할 수 있었다.

그동안 수많은 수익형 부동산 투자자의 문의에 응대하면서 100% 만족할 만한 설명을 드리지 못한 적이 있다. 바쁜 일정에 쫓기다 보니 설명이 불충분한 적도 있었는데 이 지면을 빌려 양해를 구하고 싶다. 아울러 책을 읽고 궁금한 점이나 수익형 부동산 투자 중 궁금한 점이 있다면 언제든 '상가의신' 대표번호나 이메일로 연락하길 바란다.

최근에 경기위축에다 소비감소가 이어져 생계형 창업자가 가장 많은 소상공인들이 무척 힘든 상황을 맞이하고 있다. 지금의 국면을 타파하고 과거와 같은 호황을 되찾으려면 정부가 민생경제 살리기에 대승적 결단을 내리고, 국민도 하나로 뭉쳐 이웃을 돌아보기 위해 적극 나서야 한다.

모쪼록 상가 투자에 나서는 이들이 모두 달콤한 결실을 이루길 바란다. 상가가 당신의 주머니를 든든하게 채워주기를 진심으로 기원하며 글을 마치겠다.